Peter Beck

Die schönsten Mini-wassergärten

Kosmos

Eine kleine Wasserstelle mit verschiedenen Funkien *(Hosta)*, die wüchsig und schön sind.

Schwertlilien setzen lilafarbene Akzente im Miniwassergarten.

Inhalt

Pflegen und Überwintern
SO BLEIBT DER
MINITEICH SCHÖN   53

Extra

FREUDE MIT KLEINEN
FISCHEN   63

Miniteich mit Wasserglocke

Miniwassergarten im Spät-
sommer

Für einen Miniteich
ist Platz auf dem
kleinsten Balkon.

Klein, aber fein

Lust auf Mini-wassergärten

Millionen Gartenteichbesitzer erleben täglich an ihrem Wassergarten ein Fest der Sinne. Aber auch diejenigen, die keinen Garten besitzen und von üppigem Grün, sprudelndem Wasser oder bunten Fischen träumen, brauchen darauf nicht zu verzichten.

Orandas sind die besten Fische für kleine Teiche.

WAS IST EIN MINI-WASSERGARTEN?

Dieses Büchlein soll anregen und Schritt für Schritt erklären, wie man auf

Steine dominieren in diesem Miniteich.

Wenn ein Balkon, eine Veranda oder Terrasse, ein Vorgarten, Atrium oder Dachgarten vorhanden ist, kann der Traum vom Gartenteich Wirklichkeit werden – sogar in einem tristen Hinterhof.

Bunte Blütenpracht im Miniteich

Funktionalität, die auf Dauerhaftigkeit ausgerichtet ist und einen reibungslosen Betrieb gewährleistet, sondern auch die Attraktivität. Das Ganze ist eine wohlgeplante Harmonie: viel Grün, durchsetzt mit bunter Blütenpracht. Als Krönung fungiert das belebende Element Wasser, das zusammen mit den Pflanzen eine gelungene Einheit darstellt. Vom Frühjahr bis in den Herbst hinein vermittelt die kleine grüne Oase Ruhe und Entspannung.

So ein Miniwassergarten ist ein auffälliger, schöner Blickfang und ein willkommenes Betätigungsfeld zur Freizeitbeschäftigung.

Plätscherndes Wasser

Mit einem gelungenen Miniwassergarten läßt sich die Wirkung und der Nutzen der ausgewählten Plätze für die Menschen und auch so mancher Tiere sicht- und spürbar verbessern. Der optische Eindruck läßt sich durch einen leise plätschernden Wasserfall oder einen sprudelnden Springbrunnen noch weiter steigern. Dies gilt auch für sogenannte Problemplätze, wie es absonnige Nordseiten oder oft sehr heiße Südlagen sind. Eine üppig wachsende Wandbegrünung oder Abschattierung rundet das Arrangement ab und kann

eng begrenztem Raum mit einfachen Mitteln, Phantasie und etwas Geschick eine grüne Oase im Miniformat zaubert und so aus oft grauen und tristen Plätzen Orte der Freude und Entspannung macht.

Grundelement aus Holz

Das Grundelement ist ein Container aus Holz mit einem Wasserbehälter, um den sich Pflanzenarrangements fügen. Tonangebend ist dabei nicht nur die auch einer unansehnlichen Mauer zu neuem Glanz verhelfen.

Für jeden Standort gibt es geeignete Pflanzen als Gestaltungselemente.

Romantik durch Licht

Besonders reizvoll ist es, mit Lampenlicht die blaue Stunde zu verlängern und auf Balkon oder Terrasse bzw. vom Fenster aus den romantisch beleuchteten Miniwassergarten zu genießen. So kann der besondere Zauber, der von unserem Werk ausgeht, noch weit in den Abend hinein wirken.

MINITEICHE FÜR BALKON UND TERRASSE

Um inmitten von üppigem Grün mit bunten Blumen zu wohnen, braucht man nicht unbedingt einen großen Garten – vielmehr Einfallsreichtum, Kreativität und Mut zu Neuem. Denn auch auf Balkon und Terrasse lassen sich Minilandschaften gestalten, bei denen die Natur Pate steht. In einem bequemen Liegestuhl zum Träumen kann man auch inmitten der Großstadt schöne Stunden verbringen – zwischen Blumen und mit einer kleinen Wasserfläche vor sich, in der sich der Himmel spiegelt.

Ein schöner Rahmen für einen Miniteich

Miniteiche für jede Lage

Im Gegensatz zum Gartenteich läßt sich unser Miniwassergarten auf Balkon oder Terrasse fast überall anlegen – ganz gleich, ob Nord-, Süd-, Ost- oder Westlage. Man muß sich nur bei der Auswahl der Pflanzen nach dem vorhandenen Licht und dem damit zusammenhängenden Kleinklima richten. Mit den geeigneten Pflanzen lassen sich so jederzeit grüne Akzente setzen.

Gerade Balkone und Terrassen drängen sich als klassischer Standort für eine Miniteichanlage geradezu auf. Direkt neben dem Sitzplatz

Fieberklee *(Menyanthes trifoliata)*

oder gar drumherum läßt sich mit den Formen und den Gestaltungsmöglichkeiten wunderbar spielen. Auch dem gärtnerischen Talent und dem Spaß an der Anlage sind keine Grenzen gesetzt. Wichtig ist nur, daß man sich an die statischen Gegebenheiten hält (siehe im Infokasten auf Seite 19). Auf Terrassen und Balkonen ist es übrigens besonders wichtig, daß die Proportionen zwischen dem freibleibenden Raum und dem kleinen Hochbauteich stimmen.

Wenn die Teichanlage bis zu einem Fünftel der zur Verfügung stehenden Fläche einnimmt, kann sie niemals zu wuchtig oder gar beengend wirken.

TIP: Bei der Beschaffung der Baumaterialien und der Dekoration für den Wasserbehälter und die Umkleidung sollte man den Transport in die entsprechende Etage bedenken. Große, schwere Tröge scheiden deshalb aus!

Die Pflanzenauswahl

Es macht unendlich viel Freude, seiner individuellen Kreativität bei der Anlage freien Lauf zu lassen. Lediglich bei der Auswahl der Pflanzen sind Grenzen gesetzt.

Mal braucht es ein sonniges Plätzchen für wärmeliebende Gewächse, die hell stehen wollen, oder ein Eckchen für solche Pflanzen, die in der Natur eher unter Bäumen bzw. an absonnigen Plätzen wachsen. Kompromisse sollte man hier nur wenige machen, um Verluste zu vermeiden. Auch Kübelpflanzen aller Art wirken in der Nachbarschaft der kleinen Wasser-

TIP: Ab Seite 39 finden Sie geeignete Pflanzen aufgelistet – egal, ob für die Süd-, West-, Ost- oder gar die schattige Nordseite.

Ein Gitter schützt kleine Kinder vorm Hineinfallen.

stelle sichtbar besser. Schon bei der Planung sollte man allerdings darauf achten, ob im Wohnbereich ein kühler und heller Raum zum Überwintern von Pflanzen, die nicht winterfest sind, vorhanden ist.

Neben der spürbaren Verbesserung des Mikroklimas durch die Kombination von Wasser und Pflanzen kann man auch in einen Hort der Düfte tauchen, wenn man unter die Bepflanzung Duft-

---

MINITEICH FÜR LEICHT SONNIGE STANDORTE

Wasserbecken (160 Liter): 1 gelbe Zwergseerose (*Nymphaea pumila*), 1 Portion Hornkraut, 5 Portionen Quellmoos

Im Vordergrund: Fieberklee, Günsel, Vogelfußsegge, Zwergbinsen, Zwergkalmus (giftig)

An den Seiten: Beinwell, Goldfelberich, Hechtkraut, Kuckuckslichtnelken, Rundblättrige Minze, Trollblumen

Im Hintergrund: Blutweiderich, Dost, Hängesegge

Solitär: 1 roter Schlitzahorn

Schattiger Miniteich neben einem Sitzplatz

MINITEICH FÜR VOLL SONNIGE STANDORTE

Wasserbecken (160 Liter): 1 rote Zwergseerose, je 1 Portion Froschbiß und Wasserschlauch, 2 Seekannen

Im Vordergrund: Bachbunge, Kleiner Baldrian, Sumpfdotterblume, Wasserminze und Kalmus (giftig)

An den Seiten: Froschlöffel (giftig), Sumpfstorchschnabel, Sumpfwolfsmilch (giftig)

Im Hintergrund: Kleiner oder Zwergrohrkolben, Schmalblättriger Rohrkolben, Sibirische Iris, Sumpfziest

anlegen, daß man ihn bei schlechtem Wetter auch vom Fenster aus gut betrachten kann. So lädt der Balkon zum Abschalten und Entspannen und zum Seele-baumeln-lassen ein.

TIP: Für die Bodenbeschaffenheit richtet man sich am besten nach den Empfehlungen der Pflanzenschilder und stellt Pflanzen mit gleichen Ansprüchen in entsprechenden Gefäßen zusammen.

pflanzen mischt. Um die Pracht des Miniteiches auch möglichst oft genießen zu können, sollte man ihn so

Kleiner Miniteich mit
1 Fieberklee, 2 Zebrasimse, 3 Sumpfdotterblume, 4 Wasserschwertlilie, 5 weiße Zwergseerose 'Alba', 6 Hechtkraut, 7 Froschlöffel

Attraktive Eingangsgestaltung mit Wasser

MINITEICH FÜR SONNIGE VORGÄRTEN

Wasserbecken (160 Liter):
1 rote Zwergseerose, Wasserpest im Pflanzkorb

An den Seiten:
Strauß-Goldfelberich, Wasserminze, Zwergbinsen

Im Hintergrund:
1 Rosenbogen

Solitär:
1 Schlitzahorn grün/rot

MINITEICH FÜR SCHATTIGE BIS HALBSCHATTIGE EINGANGSZONEN

Wasserbecken (160 Liter):
2 Zwergseerosen (weiß und ros
1–2 Krebsscheren

An den Seiten:
kleinbleibende Astilben, Dickar
there (Pachysandra), Frauenma
tel in Sorten, Funkien, Japan-
Sumpfiris in Sorten, Lungenkra

Im Hintergrund:
Bambus in Sorten oder China-
Schilf (im Terrakottakübel)

... FÜR EINGANG, VORGARTEN UND HINTERHOF

Rund ums Haus gibt es auch langweilige Plätze, die erst durch einen kleinen Teich an Flair und Wert gewinnen. Dazu zählen Eingangszonen, kleine Vorgärten oder auch triste Hinterhöfe. Sie alle lassen sich zu einem grünen Bild verwandeln und gewinnen durch das Wasser zusätzlich an Wert.

Vorgarten
Der Blick über den Zaun offenbart es: kleine, sterile Rasenflächen, mit denen wohl keiner etwas anfangen kann und die kaum nutzbar sind. Meist sieht man so etwas in Reihenhaussiedlungen, aber auch vor Häusern, die zwischen Gehweg und Wohnhaus nur wenig Platz haben. Dabei ist ein solcher Platz geeignet, eben durch einen Miniwassergarten an Reiz zu gewinnen. Ganz gleich, zu welcher Seite hin eine solch kleine Fläche liegt. Nach dem Motto „Klein, aber fein" kann der Anleger mit der Aufmerksamkeit seiner Nachbarn und vieler Passanten rechnen, die eine solche positive Veränderung sofort erfreut zur Kenntnis nehmen.
Die Kosten für kleine Anlagen halten sich in Grenzen und stehen in keinem Verhältnis zu Schönheit und Erfolg, wenn es dort plötzlich grünt und blüht und

sich allerlei Leben einstellt, um den Miniwassergarten zu nutzen. Plötzlich tauchen vor den Fenstern Vögel auf, um zu trinken und zu baden, die man vor dem Bau nur an großen Gartenteichen beobachten konnte.

Eingang
Die Eingangszone eines Hauses ist die Visitenkarte seiner Bewohner. Ein Hauseingang gewinnt sichtbar, wenn er mit sattem Grün, bunten Blumen oder eben einem Wasserbecken gestaltet wird oder wenn neben der Haustür über dem Wasserteil blühende oder immergrüne Kletterpflanzen den Eingangsbereich umrahmen. Solche Arrangements zaubern ein Entrée voller Eleganz, gepaart mit gutem Stil. Ein solches Bild

Japanische Sumpfschwertlilie *(Iris kaempferi)*

Dieser Miniteich fungiert als Regenwassersammler.

spiegelt, geradezu auf – umgeben von sattem Grün, das, alle Dimensionen nutzend, grenzenlos nach oben wächst und triste Wände mit frischem Flor bedeckt. Der belebende Nutzen durch die Kühle und die Ruhe, die von der Umgestaltung ausgehen, wird von jedermann als angenehm empfunden. Wenn der Zugang zum Hof es erlaubt, lassen sich sogar Steintröge integrieren. Auch ein Mini-Japangarten läßt triste Plätze aufleben.

Gruppieren sollte man diese Elemente wie auf einer Bühne: Die Wasseroberfläche soll stets gut einsehbar sein, und eine kleine Sitzgruppe lädt zum Verweilen ein. Am besten wirkt das Ganze, wenn man sich einen Landschaftstyp als Vorbild nimmt, den man dann im Kleinformat nachbildet.

Auch Farne gedeihen in der schattigen Umgebung eines Hofes mit Streulicht bestens.

sagt mehr als viele Worte über den, der drinnen lebt.

Höfe

Innen- oder Hinterhöfe sind fürwahr allzu häufig Problemzonen. Meistens absonnig und mit wenig Luftzirkulation wirkt alles etwas muffig. Da drängt sich ein Wasserbecken im Hochbau, in dem sich der Himmel

TIP: Für düstere Hinterhöfe eignet sich zur Wandbegrünung besonders grünweiß panaschierter Efeu und Immergrünes Geißblatt (beide giftig). Bambus gedeiht an solchen Standorten ebenfalls sehr gut.

MINITEICH FÜR DEN SCHATTIGEN HINTERHOF

Wasserbecken (160 Liter): 1 Zwergteichrose oder weiße Zwergseerose, 5 Portionen Quellmoos, 3 Portionen Wasserfeder

Vordergrund: Bergenien, Kalmus (giftig), Lungenkraut

An den Seiten: Waldglockenblume, Frauenmantel, Funkien in Sorten, Tränendes Herz (giftig)

Hintergrund: große Astilben in Sorten, Farne, Hainsimsen in Sorten, Hängesegge, Kreuzkraut, Waldgeißblatt, Waldschmiele

... FÜR KLEINE GÄR-TEN UND KRÄUTER-SPIRALEN

Kleine Gärten kann man mit einem Miniteich und Pflanzen drumherum in Kübeln, Töpfen und Trögen interessanter und heimeliger machen. Nicht die Größe eines Gartens ist für seine Wirkung entscheidend, sondern die richtige und geschmackvolle Kombination geeigneter Elemente. Diese sind für jeden Geldbeutel erschwinglich und lassen auch kleinste Flächen besonders attraktiv wirken.

Auch exotische Pflanzen, die draußen unsere Winter nicht überstehen, schmücken in geeigneten Gefäßen in der frostfreien Zeit draußen vor der Tür. Der Phantasie sind kaum Grenzen gesetzt: Ob man im Liegestuhl am Miniteich unter einer bizarren Palme, blühendem Hibiskus, tropischen Bananenstauden oder neben einer Waldrebe träumt – Hauptsache, die Pflanzen werden nach ihren Standortansprüchen ausgewählt

TIP: Kleine Bäumchen und höherwachsende Kübelpflanzen muß man in standfeste Gefäße setzen, damit sie bei starkem Wind nicht umfallen.

und das Wasserbecken ist so groß angelegt, wie es der Platz zuläßt.

Miniteich leicht gebaut

Am einfachsten erhält man einen Miniteich, wenn man einen Mörtelkübel im Boden versenkt und diesen dann mit Wasser füllt. Dort hinein pflanzt man Wasserpflanzen oder eine Seerose. Für kleine Gärten empfiehlt es sich, den Teichanschluß entweder mit Duftpflanzen (Diptam, Indianernessel, Lavendel, Minze in Sorten) oder mit solchen Pflanzen zu gestalten, die als Insektenweide dienen.

Für den Hintergrund eignen sich kleine Sträucher wie Seidelbast, Traubenkirsche, Zwergflieder, Je-länger-je-lieber und Waldgeißblatt.

Kräuterspirale

Überall dort, wo Küchenkräuter gedeihen sollen, kann am Fuß einer sogenannten Kräuterspirale ein beliebig großes Wasserbecken als Miniteich für die Verbesserung des Mikroklimas sorgen. So ganz nebenbei dient der Teich als Gießwasserreservoir,

TIP: Solch eine Kräuterspirale mit Miniteich eignet sich hervorragend als Bestandteil eines Schulgartens.

Drei Sprudelelemente zieren diesen Miniteich.

Die gelb blühende Wasserschwertlilie ziert die kleine Wasserfläche eines eingegrabenen Mörtelkübels.

nen ist Schönheit mit Nutzen gepaart: Leckerbissen für uns und nützliche Insektenweide. Viele Blütenblätter sind wohlschmeckend.

TIP: Pflücken, wenn bei Sonne der Tau gerade abgetrocknet ist.

Miniteich am Fuß einer Kräuterspirale

Vogelbad oder -tränke oder, je nach Standort, sogar als Ablaichgewässer für Amphibien oder zufliegende Wasserinsekten (auch Libellen).

Blüten, die munden
Neben den bekannten Küchenkräutern gedeihen rund um das Wasserbecken diverse Pflanzen, die für die Küche nutzbar sind. Bei ih-

ESSBARE BLÜTEN AM MINITEICH

Borretsch	Lavendel
Gänseblümchen	Thymian
Kapuzinerkresse	Rosmarin
Löwenzahn	Monarde (Indianernessel)
Ringelblume	Nachtkerze
Rosen	Malve
Stiefmütterchen	Stockrose
Veilchen	Zucchini
Taglilien	Falscher Jasmin

PFLANZPLAN FÜR EINE KRÄUTERSPIRALE

Sonniger Bereich:
Bohnenkraut, Kapuzinerkresse, Knoblauch, Lavendel, Majoran, Minze in Sorten, Rosmarin, Salbei, Schnittlauch, Thymian, Tripmadam, Ysop, Zitronenmelisse

Schattiger Bereich:
Bärlauch, Echtes Barbarakraut, Engelswurz, Petersilie, Pimpinelle, Sauerampfer, Süßdolde, Wasserminze

Wasserbecken:
Echte Brunnenkresse

... FÜR ALPINUM UND STEINGARTEN

Als besondere Attraktion kann ein Miniwassergarten im Alpinum im kleinen Garten, aber auch auf Balkon und Terrasse wirken, natürlich mit Wasserfall. Ein Minibiotop, das es in sich hat. Auch hier gilt: Durch das vorhandene Wasser wachsen und gedeihen viele Pflanzen viel besser als ohne Wasser – gerade solche aus alpinen Zonen, vor allem schattenliebende.
In Ermangelung großer Flächen kann man kleine Tröge mit Wasserteil dazwischen zu mehreren vernet-

zen. Das wirkt nicht nur gut, der interessierte Steingartenpfleger erhält so vielerlei Möglichkeiten, selbst empfindliche Pflanzen zu pflegen.
Es empfiehlt sich, daß man für das Wasserbecken und die Umgebung Pflanzen

TIP: Für Aquarianer eignen sich Kleingefäße als Zuchtbehälter von Teichplankton zur Aufbesserung des Speiseplans ihrer Zierfische.

Leise tropft Wasser vom Stein.

auswählt, die niedrig bleiben und den Blick auf die Steingartenanlage freigeben.

MINIMOORE

Auch ein kleines Moor läßt sich auf die im nächsten Kapitel beschriebene Art und

Miniteich im Alpinum

Ein kleiner Wasserfall fließt in einen Miniteich.

PFLANZPLAN FÜR EIN WASSERBECKEN MIT WASSERFALL

Wasserbecken:
Flutender Hahnenfuß (giftig), Frühlingswasserstern, Quellmo Hornkraut

Für den Rand:
Bergenien, kleine Farne (siehe belle auf Seite 48), Gemeiner Dost, Fetthennen (*Sedum*-Arte Sumpfvergißmeinnicht, Etagen primeln, Sibirische Schwertlilie, Sumpf-Wolfsmilch, Hängesegg

Weise gestalten: In einen wasserdichten Folienbehälter wird Torf um ein Wassergefäß herum eingebracht. Je nach gewünschter Bepflanzung kann man den Torf am besten mit Regenwasser auf die Konsistenz bringen, die die jeweiligen Pflanzen bevorzugen (steht meist auf den Pflanzenetiketten).

Es gibt eine ganze Palette schöner Moorpflanzen im gärtnerischen Fachhandel. Gerade für Menschen, die es sich zutrauen, auch als heikel bezeichnete Gewächse zu pflegen, ist dieser Typ von Miniteichanlage bestens geeignet. Das Minimoor eignet sich besser für sonnige als für absonnige Lagen.

Sibirische Schwertlilie, auch Iris genannt *(Iris sibirica)*

Gemeiner Froschbiß *(Hydrocharis morsus-ranae)*

PFLANZPLAN FÜR EIN MINIMOOR

Wasserteil:
Gemeiner Froschbiß, Wasserfeder, Wasserschlauch, weiße Zwergseerose

Im Vordergrund:
Blumenbinse, Sumpfkalla (giftig), Zwergseggen

An den Seiten:
Gelbe Wasserschwertlilie (giftig), Glockenheide, Heidelbeere, Mehlprimeln, Preiselbeere, Rosenprimeln, Rosmarinheide, Sibirische Iris, Sumpffarn, Waldsimse, Wollgräser

Im Hintergrund oder Solitär:
Pfeifengras (*Molina* in Sorten), Sumpfporst (*Ledum*, giftig), Zwergbirke, Schlitzahorn, Zwergrhododendron (Schatten)

Planung und Bau

So entsteht ein Miniwassergarten

Bevor Sie sich an den Bau machen, sollten Sie das Buch von vorne bis hinten durchlesen und dann Ihren individuellen Plan für das gesamte Vorhaben erstellen. So erhalten Sie ein kleines Schmuckstück.

Miniteich mit Wasserspeier

Blüten der Bachnelkenwurz
(Geum rivale)

Denn je besser alles geplant ist, um so weniger Probleme treten auf und um so länger können Sie sich am Geschaffenen erfreuen.

Wenn genügend Platz vorhanden ist, kann man noch einen kleinen „Wasserfall" gestalten.

Miniwassergarten in zwei Etagen

DIE PLANUNG

Das Frühjahr und der Herbst sind im allgemeinen die richtigen Pflanzzeiten für die meisten Gehölze, Stauden, Blumen und Zwiebelpflanzen, zumal sie in sog. Containern herangezogen und angeboten werden. Der Vorteil dieser Containerpflanzen liegt darin, daß sie, ohne aus dem Wuchsrhythmus gerissen zu werden, während der gesamten Vegetationszeit in unsere Anlage gepflanzt werden können.

Auch aus diesem Grund ist man an keine bestimmte Zeit für die Planung und den Bau gebunden. Ideal ist es, im Winter in Ruhe zu planen und mit dem Bau im Frühjahr zu beginnen, wenn das Wetter es zuläßt.

TIP. Bewährt hat es sich, einen Aufriß der Teichanlage zu zeichnen (S. 9).

**Hechtkraut
(Pontederia cordata)**

DEN STANDORT BESTIMMEN

Es kann von Vorteil sein, wenn man nicht spontan baut, sondern sich Zeit läßt, um am vorgesehenen Platz während einer Zeitspanne von 4–8 Wochen den Sonnenlauf, die Temperatur am Boden und an den Wänden zu messen und aufzuzeichnen. Achten Sie auch darauf, woher der Wind weht und wie stark die Böen sind.

Diese Beobachtungen ermöglichen es, schon bei der Planung den eventuell nötigen Sonnen- und Windschutz mit zu berücksichtigen. Außerdem erleichtert die Kenntnis solcher Werte die Standortwahl und hilft beim Aussuchen geeigneter Pflanzen.

Um die Wartungs- und Pflegearbeiten reibungslos durchführen zu können, wählt man einen Platz, der

Miniwassergarten in einem Maurerkübel

gut zugänglich und vom Sitzplatz – wenn möglich auch durchs Fenster – gut einzusehen ist. Gerade der Blick durchs Fenster vermittelt auch an trüben und regnerischen Tagen interessante Eindrücke und Beobachtungen.

Der ideale Standort erfüllt

diese Kriterien und läßt für 2–3 Stunden volles Sonnenlicht oder Halbschatten zu. Voll besonnte Südlagen können sowohl für das Wasserleben als auch für die Pflanzen problematisch werden. Um zu hohe Wassertemperaturen von über 28 °C, zu starke Verdun-

RECHTLICHE FRAGEN

Man sagt, daß es kaum etwas gibt, was andere nicht stören könnte. Trotzdem dürfte Ihr geplanter Miniwassergarten kaum auf Ablehnung seitens der Nachbarn stoßen, zumal Sie sich an die Regeln des Nachbarrechts halten, das allerdings von Bundesland zu Bundesland unterschiedlich ist.

Grundsätzlich dürfen danach von Ihrer Anlage keinerlei „unübliche Störungen oder übermäßige Belästigungen" ausgehen. Dazu zählen z.B. Lärm (es wurden schon Prozesse geführt, weil Frösche zu laut gequakt haben), Schäden durch auslaufendes Wasser oder übler Geruch. Daß es dazu erst gar

nicht kommen kann, gewährleisten Sie durch besondere Sorgfalt beim Bau und Betrieb Ihrer Anlage. Darüber hinaus empfiehlt es sich zu prüfen, ob Ihre Haftpflichtversicherung auch einen (Wasser-)Schaden, der durch den Betrieb Ihres kleinen Wassergartens auftreten könnte, abdeckt.

DIE STATIK

Beachten Sie beim Bau, daß die verwendeten Materialien nicht zu schwer sind und die Statik das Gesamtgewicht der fertig eingerichteten und mit Wasser gefüllten Anlage zuläßt. Rechnen Sie z.B. bei einem Wasserteil von 60 Litern Inhalt, wenig Dekorationsmaterial und ca. 30 Pflanzen nebst Substrat

sowie dem normal dimensionierten Material für die Umbauung, die 1 x 1 m mißt, mit einem Gesamtgewicht von 120–150 kg. Größere Anlagen wiegen entsprechend mehr.
Ein gepflegter, normal erhaltener Balkon, Atrium oder Dachgarten, der richtig konstruiert und gut gebaut ist,

weist meist eine Tragfähigkeit von 200 kg und mehr je m² auf. Aber es hängt auch immer mit dem Zustand der Auflagefläche zusammen, mit wieviel Gewicht diese belastet werden kann. Es empfiehlt sich daher, vorher den Architekten oder Hausherren nach der zulässigen Belastung zu fragen.

stung und Trockenschäden an den Pflanzen zu vermeiden, muß man an solchen Standorten mit Markisen usw. für Schatten sorgen.

Miniteich-Landschaft

Miniteich im Schatten

Aus Gewichtsgründen sollte unser Miniwassergarten nicht frei in der Mitte eines Balkons stehen, sondern in Wandnähe. Nach reiflicher Überlegung und unter Berücksichtigung der gewonnenen Meßdaten muß der Standort vor dem Bau feststehen, damit man nicht „unverrückbare Tatsachen" an der falschen Stelle schafft.

FORM, GESTALT UND GRÖSSE

Rechteckige, quadratische oder dreieckige Formen bieten sich immer dann an, wenn nur wenig Platz zur Verfügung steht oder dieser geometrisch ist. Auf größeren Flächen wirken nierenförmige, mehreckige oder runde Behälter besser.
Im Fachhandel gibt es eine Menge geeigneter Elemente, die zudem genügend Freiraum für die eigene Kreativität lassen.

TIP: Spielen Sie am vorgesehenen Standort oder auf einer Skizze einige Formen durch, dann fällt die Entscheidung leichter.

Dies gilt auch für die nächste Frage: Wie groß soll man bauen? Hier kann sich Ihre Entscheidung an der Erfahrung orientieren, daß ein Bauwerk, das ein Fünftel der zur Verfügung stehenden Fläche ausfüllt, immer gut wirkt.

DAS WASSERBECKEN

Bedingt durch die meist kleine Fläche und mit Rücksicht auf die Tragfähigkeit der Auflagefläche ist die Auswahl an geeigneten Behältern nicht allzu groß. Aus Gewichtsgründen fällt das reichhaltige Angebot an schweren Steintrögen und gegossenen Betonbecken von vornherein weg. Auch Terrakottagefäße sind völlig ungeeignet, weil sie zuviel Wasser verlieren, leicht brechen, durch Kalkablagerungen unansehnlich werden und auf Dauer nicht frostfest sind.

Kunststoff-Fertigteiche

Wenn viel Platz zur Verfügung steht und die Statik es zuläßt, kann man einen sog. Fertigteich aus thermoplastischem Kunststoff oder aus glasfaserverstärktem Polyester verwenden. Diese Gartenteiche werden überall im Fachhandel angeboten. Es gibt sie in den unterschiedlichsten Größen ab 1 m Länge und mit verschiedenen Tiefen.

Man muß für einen guten Stand sorgen. Beim sog. Hochbau wird die zweckmäßigerweise eckige Teichschale in eine Ummantelung aus Holz gesetzt und der Zwischenraum dann mit Bauschaum, wie er zum Einbau von Türen und Fenstern Verwendung findet, ausgeschäumt. Hier dient der Schaum dem sicheren Stand und der Isolierung gegen Hitze und Kälte. Außerdem ist das Material sehr leicht. Lassen Sie sich im Fachmarkt bei der Auswahl beraten.

Andere Kunststoffbecken

Unser Augenmerk gilt kleineren Becken, die sich problemlos in den geplanten

Sumpf-Wolfsmilch (*Euphorbia palustris*)

Holzkasten einfügen. Dies können kleine Teichschalen oder Gefäße aus dem Haushalts- und Baubereich sein. Dabei spielt die Form eine untergeordnete Rolle. Hauptsache, die Gefäße weisen eine Tiefe von 40–50 cm auf. Sie müssen auf Dauer dicht sein, dürfen nicht brüchig werden und auf keinen Fall Giftstoffe an das Wasser abgeben.
Übrigens werden immer mehr wasserdicht ausgekleidete Holzkonstruktionen im Fachhandel angeboten. Schauen Sie sich um!

Fässer

Whisky- und Bierfässer aus Holz gibt es ebenfalls im Handel. Freistehend, mit einigen Wasser- und Sumpfpflanzen bestückt, oder

Für kleine Balkone und Terrassen kann ein dreieckiger Miniwassergarten ideal sein.

auch in Kombination mit hübschen Pflanzkübeln fanden sie schon immer ihre Freunde. Leider bekommt man diese Gefäße (wie auch andere Holzbottiche) erst nach längerem Wässern restlos dicht – wenn überhaupt.

TIP: Kleiden Sie solch ein Gefäß einfach mit einer 0,5 mm starken Gartenteichfolie aus.

Aquarium

Dies ist eine weitere Möglichkeit, zu einem geeigneten Wasserbecken zu kommen.

Neben den herkömmlichen Maßen können Sie sich in guten Zoofachgeschäften auch ein Glasbecken nach Ihren Vorstellungen als Sonderanfertigung bestellen. Selbst 3-, 6- oder 8eckige Formen sind oft überraschend preiswert.

WEITERE BAUMATERIALIEN

Hat man sich für das passende Wasserbecken entschieden, stellt man anhand der Planungs-Checkliste (siehe unten) die Materialien zusammen, die für den Holzumbau nötig sind.

Für die Auskleidung und Abdichtung des Holzumbaus nimmt man am besten eine Teichfolie, wie sie für Gartenteiche verwendet wird. Der Vorteil einer solchen Folie liegt darin, daß sie sehr haltbar und strapazierfähig ist. Außerdem läßt sie sich problemlos in jeglicher Form verlegen.

Die Folie braucht hier nur 0,5 mm dick zu sein, weil sie plan aufliegen kann und kaum größeren Belastungen ausgesetzt ist. Eine Markenfolie sollte es aber trotzdem sein, die folgende Eigenschaften aufweist:
▶ UV-beständig,
▶ temperaturbeständig,
▶ hitzebeständig,
▶ kältefest,
▶ umweltfreundlich (chemisch einwandfrei),
▶ recyclebar und
▶ mit 15 Jahren Garantie.

Plastikplanen, Baufolien o.ä. sind nicht geeignet, da sie diese Anforderungen nicht erfüllen. Sie bleiben nicht geschmeidig, werden schnell brüchig und undicht.

TIP: Um die Größe der benötigten Folie zu ermitteln, legt man im fertigen Holzbehälter eine Schnur von einer Kantenoberseite über alle Abstufungen zur gegenüberliegenden Oberkante (sie muß auf dem Boden und in den Ecken gut anliegen) und mißt dann die Schnur ab. Für die Randbefestigung gibt man an jeder Seite 5 cm zu.

CHECKLISTE: BAUMATERIALIEN FÜR DEN HOLZBEHÄLTER

▶ Die genau berechnete Menge druckimprägnierter Bretter (unbehandeltes Holz kann aufquellen und faulen); die Länge richtet sich nach den Maßen des Kastens; Dicke mindestens 2 cm,
▶ diagonal halbierte Kantholzer zur Verstärkung der inneren Ecken,
▶ druckimprägnierte Trägerbohlen von mind. 10 x 10 cm für einen sicheren Stand der fertigen Anlage,
▶ evtl. 4 Laufräder oder Möbelrollen, um Anlagen bis zu einem Gesamtgewicht von 150 kg bewegen zu können,
▶ dünne Styroporplatten zur Innenisolierung,
▶ 0,5 mm starke Teichfolie (Größe siehe „Tip"),
▶ 4 Abdeckleisten zum Fixieren und Verdecken der Folie,
▶ evtl. umweltverträgliche Farbe oder Lasur,
▶ evtl. Dämmschaum,
▶ Zimmermannswerkzeug, Metermaß, Wasserwaage, Schere, Schraubzwingen, Holzleim, Holzdübel, Nirostaschrauben, Styroporkleber, Tacker mit Klammern.

1. Holzkiste (100 x 100 x 40 cm) mit Styroporplatten zur Wärmeisolierung

2. Möglichst faltenfrei mit Teichfolie auskleiden

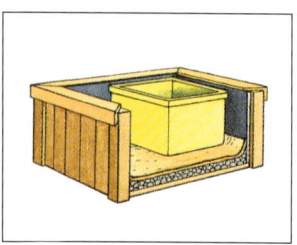

3. Um Wasserbecken Blähton als Drainage einfüllen, mit Vlies abdecken

4. Pflanzkästen einsetzen, mit Blumenerde auffüllen

DER BAU

Wer sich nicht für einen industriell gefertigten „Zimmerteich" oder ein großes Fertigbecken begeistern kann, für den geht es auch im „Do-it-yourself"-Verfahren.

Bau des Holzkastens

Nach Plan mit endgültiger Form und genauer Abmessung wird zunächst der massive Holzkasten gezimmert.

Beim Zusammenfügen der Bretter ist darauf zu achten, daß diese nicht nur durch Nägel oder Schrauben zusammengehalten werden, sondern auch mit Dübeln und Leim. Die Konstruktion gewinnt dadurch erheblich an Stabilität und Lebensdauer.

Zur weiteren Verstärkung bringt man in den inneren Ecken noch halbierte Kanthölzer an. Anschließend montiert man unter den Rohbau die vorbereiteten Vierkanthölzer als Füße.

Einbau der Folie

Die Innenseiten des Holzbehälters muß man sorgfältig glätten, damit keine Holzspäne oder gar Nagelspitzen hervorstehen, die die Folie beschädigen könnten. Zur Isolierung gegen Hitze und Kälte klebt man die zugeschnittenen Styro-

porplatten mit einem Spezialkleber auf den Boden und die Innenwände der Kiste. Darauf wird nun die 0,5 mm starke Teichfolie verlegt. Da sie aus einem Stück ist, entstehen beim Einlegen in den Ecken Falten, die man am besten nach *innen* umschlägt.

TIP: Wenn man die Folie vor dem Verlegen warm lagert, wird sie weicher und geschmeidiger und läßt sich besser verarbeiten.

Die oberen Ränder der Folie werden zunächst noch nicht am Holz befestigt. Man fixiert sie vorerst nur mit Schraubzwingen. So kann sie keinen Schaden nehmen, wenn beim Einfüllen des Substrates Spannungen auftreten.

Plazieren der Anlage

Jetzt stellt man den Behälter an den vorgesehenen Platz. Bitte von einer Wand immer ca. 10 cm Abstand halten, damit sie nicht feucht werden kann, und darauf achten, daß ggf. noch genügend Platz für einen Pflanzbehälter oder ein Spalier zur Wandbegrünung bleibt. Jetzt braucht man nur noch den Wasserbehälter an seinen Platz zu stellen – am besten in die Mitte – und kann mit der weiteren Einrichtung und Bepflanzung fortfahren.

Ganz zum Schluß, wenn das Wasserbecken und die Pflanzwanne gefüllt sind, kann man die Folie mit einem Tacker und nichtrostenden Klammern endgültig befestigen. Anschließend werden überstehende Folienränder abgeschnitten und die Abschlußleisten angebracht.

TIP: Durch Laufrollen wird die Miniteichanlage zur mobilen Einheit und kann zum Überwintern bewegt werden.

Der Miniwassergarten ist fertig bepflanzt und dekoriert.

5. Wasserpflanzen mit Spezial-Bodengrund in Pflanzkörben einsetzen

6. Wasser in das Becken einfüllen

7. Den blanken Wasserbeckenrand mit Korkeichenstücken verdecken

8. Bepflanzung: hinten große, vorne kleine Pflanzen.

Sumpfstorchschnabel *(Geranium palustre)*

Sumpfvergißmeinnicht *(Myosotis palustris)*

DEKORATIONS-MATERIALIEN

Um der fertigen Anlage den letzten Schliff zu geben, benötigen wir noch einige Korkeichenstücke, leichte Steine und dekorative Wurzeln.

Kork und Holz

Mit den halbierten Korkeichenröhren lassen sich die blank liegenden Ränder von Kunststoff- und Glasbecken gut verdecken. Dabei sollte nicht zuviel Korkeiche in das Wasser ragen, da dieses Material leicht aufschwimmt. Je kleiner der Röhrendurchmesser ist, desto besser lassen sich die Stücke bearbeiten und verlegen.
Bizarr geformte Wurzelstücke sorgen in der Bepflanzung für auflockernde Akzente. Wurzeln mit Ni-

schen und Mulden lassen sich ausgesprochen hübsch bepflanzen. Auf Windbruchflächen findet man oft bizarre Fundstücke.

Steine

Leichte Steine, z.B. Tuff oder Lava, lassen sich ebenfalls gut als Dekoration verwenden. Je ausgefallener und rustikaler, um so besser. In die Mulden von Tuff kann man kalkholde Pflanzen, wie z.B. Thymian, setzen.
Nicht vergessen sollten Sie die Dekorationswirkung ei-

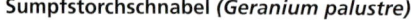

TIP: Man braucht nicht lange in der Natur zu suchen, denn gut sortierte Zoofachgeschäfte führen ein reichhaltiges Sortiment solcher Dekorationsmaterialien für die Aquaristik. ▬

nes grünen Hintergrundes, wie ihn z.B. Kletterpflanzen an Rankgerüsten bieten. Ab Seite 48 erfahren Sie mehr darüber.
Dunkle Plätze erhellt weißer Marmorkies vor der Miniteichanlage.

Steine und Holz gibt's im Fachhandel. Sie werden nach Gewicht berechnet.

ETWAS TECHNIK

Ganz ohne Technik kommen wir bei unserem Miniwassergarten nicht aus, wenn wir uns an bewegtem Wasser erfreuen wollen.

Stromanschlüsse

Auf Balkonen und Terrassen ist häufig schon ein Stromanschluß vorhanden, den man für den Betrieb eines Wasserfalls oder Springbrunnens benötigt. In jedem Fall sollte man eine feuchtigkeitsgeschützte Steckdose verwenden. Ein eingebauter FI-Schalter (Fehlerstromschutzschalter) unterbricht bei einem Gerätedefekt die Stromzufuhr und schützt so vor Stromunfällen.

VORSICHT: Wenn sich die elektrischen Anschlüsse parterre oder an leicht zugänglichen Stellen befinden, so empfehlen sich abschließbare Steckdosen. Andernfalls würden Sie einem Einbrecher seine Arbeit sehr erleichtern.

Ins rechte Licht gesetzt

Wie sieht ein Miniwassergarten eigentlich bei Licht besehen aus? Man kann sich den Zauber kaum vorstellen, der von einem gelungenen Arrangement aus Wasser und üppigem Grün

ausgeht, wenn vor dem Fenster die kleine Oase, in warmes Licht getaucht, bis in den Abend hinein wirken kann und selbst trübe Tage sich durch Licht erhellen. Auch immerschattige Nordlagen können geradezu aufleben, wenn man den Miniwassergarten stundenweise beleuchtet.

Mit Neonlampen oder einfachen Birnen kann man allerdings nicht viel erreichen. Weit besser eignen sich HQL-Strahler, die sich als Beleuchtung über hohen Aquarien bewährt haben. Das besondere an diesen Lampen ist ein Spezialparabolspiegel, der eine große Lichtausbeute gewährleistet. Zudem kann man ein und

Japanisches Steinlämpchen

dieselbe Birne wahlweise mit 80 oder 125 Watt betreiben.

Schon mit ein oder zwei HQL-Lampen kann man eine optimale Ausleuchtung von 2–3 m² Fläche erreichen. Mit dieser zusätzlichen Beleuchtung (für Feuchtraum geeignet) gedeihen selbst schwierig zu pflegende Pflanzen gut.

Wasserfall: Eine Pumpe befördert das Wasser nach oben. Der dazu nötige Schlauch wird in der Dekoration versteckt.

Miniwassergarten mit Sprudelstein

Schmutzanfall, alle 2–3 Wochen unter fließend lauwarmem Wasser aus.
Die beste Wasserdurchmischung erzielt man, wenn der Wasserauslauf so angebracht wird, daß er sich halb unter- und halb oberhalb des Wasserspiegels befindet. Damit der Filter selbst nicht zu schnell verschlammt, wird er etwas erhöht im Wasserbecken aufgestellt.

SPRINGBRUNNEN UND WASSERFALL

Sprudelndes und leise vor sich hin plätscherndes Wasser vermittelt den Eindruck von erquickender Frische und Heiterkeit, gepaart mit einem Schuß Romantik. Wo sich Wasser bewegt, atmet die Umwelt auf.
Neben der optischen Wir-

TIP: Die Beleuchtungsdauer läßt sich praktisch über eine Schaltuhr regeln.

Filter für klares Wasser
Schwimmbadklares Wasser – das sei an dieser Stelle bemerkt – ist besonders bei Fischhaltung auf Dauer ohne technische Hilfsmittel nicht möglich. Wir benötigen dann einen leistungsstarken Filter bzw. eine gute Förderpumpe. Im Garten- und Zoofachhandel gibt es das Richtige.

Man entscheidet sich für ein Gerät, welches leistungsstark ist, wenig Strom verbraucht (bis 30 Watt) und den neuesten sicherheitstechnischen Anforderungen (TÜV- und GS-Zeichen) entspricht. Darüber hinaus sollte es geräuscharm sein. Die meisten der für uns in Frage kommenden Filtersysteme arbeiten mechanisch. Das heißt, daß die groben Schmutzteilchen im Filtermaterial (häufig einem Schwamm) zurückgehalten werden. Den Schwamm wäscht man, je nach

Sprudelndes Wasser

kung vermag ein Springbrunnen oder Wassserfall das Wasser auch mit lebenswichtigem Sauerstoff anzureichern. Außerdem gedeihen in der kühlen und feuchten Springbrunnen- oder Wasserfallumgebung viele Pflanzen, z.B. Farne, hervorragend. Allerdings vertragen Seerosen weder Spritz- noch stark bewegtes Wasser.

Die Pumpe
Für unseren Miniteich gibt es im Fachhandel eine ganze Reihe geeigneter Pumpen, die auch bei Zimmerspringbrunnen Verwendung finden. Achten Sie beim Kauf stets auf die Leistung und den Stromverbrauch. Beides muß in einem akzeptablen Verhältnis stehen. Machen Sie dazu einen Preis-Nutzen-Leistungsvergleich. Achten Sie zudem auf TÜV- und GS-Zeichen. Es gibt Geräte, die auch noch das Beckenwasser filtern. Lassen Sie sich vom Garten- oder Zoofachhändler eingehend beraten.

Quellstein und Wasserfall
Eine weitere Möglichkeit, Wasser in Bewegung zu bringen, besteht darin, mit einer Pumpe Wasser aus dem Becken über einen Quellstein zu leiten, der in der Mitte für den Wasserauslauf durchbohrt ist.

Wenn Sie sich für den Kauf einer kleinen Fertigkaskade entscheiden, sollten Sie auf eine möglichst unauffällige Farbe und steile Seitenwände achten, die ein „Überlaufen" verhindern. Gut geeignete Miniwasserfälle sind überraschend preiswert. Sehr unauffällig, aber natürlich wirken Kleinkaskaden, die mit Sand beklebt angeboten werden.
Beim Einbau (siehe auch Zeichnung auf S. 25) muß man darauf achten, daß der Auslauf so weit über das Becken reicht, daß nichts danebentröpfelt und kein Wasser über Pflanzenteile (Wurzeln, Moos etc.) durch Kapillarwirkung abläuft.

Springbrunnen
Vor dem Kauf eines Springbrunnens ist zu überlegen, zu welcher Form das Wasser aus der Spritzdüse finden soll. Es gibt neben der einfachen auch mehrfache Fontänen, Schaumdüsen und verschiedene Größen von Schaumglocken. Beziehen Sie in Ihre Kaufentscheidung in jedem Fall den Wasserinhalt und die Beckenmaße sowie die Förderhöhe mit ein. Wählt man eine zu leistungsstarke Pumpe, so treibt schon der kleinste Windstoß das sprühende Wasser über den Beckenrand hinaus. Dann dauert es nicht mehr lange,

bis das Becken leergepumpt ist und die Pumpe trockenläuft. Um dies zu vermeiden, setzt man den Springbrunnen so ein, daß der Beckenrand doppelt so weit von der Düse entfernt, wie die Fontäne hoch ist. Beispiel: Fontänenhöhe = 20 cm, nötige Entfernung vom Beckenrand nach allen Seiten = 40 cm.

Miniteich im Quellstein

Wasserfall aus Fertigelementen

Miniteich mit Fischen

Tagpfauenauge auf Liguarienblüten

Falterbesuch auf dem Blutweiderich

Mit Pflanzen gestalten

Pflanzenpracht im Miniwassergarten

Auf blühende Pflanzen sollte man im Miniwassergarten nicht verzichten. Sie leuchten schon von weitem und sind die richtige Antwort auf öde und langweilige Flächen. Ihre Blütenpracht begleitet durch das ganze Jahr.

Miniwassergarten im Eingangsbereich

DIE WIRKUNG DER BLÜTENFARBEN

Farben sind ein wichtiges Gestaltungselement. Denn jede Farbe verbreitet ihre eigene Stimmung, betont manche Dinge oder rückt andere in den Hintergrund.

Rot wirkt verkleinernd, ist aber eine sehr aktive Signalfarbe, sie strahlt Wärme, ja Hitze aus. Wer kennt sie nicht, die Farbe der Liebe. Rot sind die Seerosensorten 'Laydekeri Fulgens', 'Froebeli' und 'Mdm. Mce. Laydeker' für die Wasserfläche. Am Ufer erstrahlen Sumpfstorchschnabel, Sumpfblutauge und Kuckuckslichtnelke in roten Farben.
Blau vermittelt Kühle, wirkt aber romantisch; die richti-

ge Umgebung zum Träumen und Entspannen. Denken wir nur an die blaue Stunde. Blaue Blütenfarben bieten Wasserminze (mit einem Stich ins Rote), Sumpfvergißmeinnicht, die Gauklerblume *Mimulus ringens*, außerdem die Sibirische Schwertlilie, das Hechtkraut sowie die Bachbunge.
Gelbe Farben empfinden wir als anregend, licht, leicht, leuchtend, eben wie die wärmende Sonne. Gelb steht für Harmonie. Auf der Wasseroberfläche erstrahlen die Blüten der gelben See-

**Sumpfdotterblume
(*Caltha palustris*)**

Schattenplatz mit Vergißmeinnicht und Funkien *(Hosta)*

DIE PFLANZEN-ANORDNUNG

Die Anordnung der Pflanzen sollte stets so erfolgen, daß im Vordergrund niedrige Arten plaziert werden, seitlich wird mit halbhohen und dazwischen mit einer Solitärpflanze gearbeitet, und der Hintergrund nimmt, wie bei einer Bühne als Abschluß, die höher werdenden Pflanzen auf. Die Anordnung der Pflanzen nach Wuchshöhen ist aber nur ein Teilaspekt der Gestaltung. Um das Gesamtbild zu vervollkommnen, sollte man sich auch über die Harmonie der Farbzusammenstellung und die Blütezeiten Gedanken machen, so daß uns während der gesamten Vegetationsperiode stets ein reicher Blütenflor erfreut.

TIP: Nicht winterharte Topfpflanzen sollten erst ab den Eisheiligen Mitte Mai an einem trüben Tag ins Freie gestellt werden, damit der Neuaustrieb keinen Schaden leidet. In der ersten Woche stellt man die Pflanzen (auch Sonnenkinder) halbschattig und vermeidet direkte pralle Sonne. Unter einer ausgefahrenen Markise sind sie außerdem weder Hitze noch Nachfrösten ausgesetzt.

rose (*Nymphaea pygmaea* 'Helvola'), der Seekanne und des Wasserschlauchs in Gelb. Am Ufer leuchten gelb Sumpfdotterblumen, Strauß-Goldfelberich, Pfennigkraut und Trollblumen.
Grün, die Farbe der Natur, wirkt auch noch im Schatten, und in Kombination mit **Weiß** strahlt Grün Zufriedenheit und Fülle aus. In strahlendem Weiß blüht die weiße Zwergseerose (*Nymphaea pygmaea* 'Alba'). Weitere Pflanzen bieten schöne Kontraste durch grünes Laub und weiße Blüten: Pfeilkraut, Froschbiß, Wiesenschaumkraut (mit einem Stich ins Violette) und Sumpfcalla.

Weitere Dekorationen
Gerade im Minigarten bietet es sich an, je nach Geschmack ruhige Akzente oder aber ein kunterbuntes Gemisch in Kübeln, Töpfen, geeigneten Fässern und Pflanzkästen zu arrangieren.
Mit vielfältigen Steinen, kleinen Holzstubben und Korkeiche lassen sich Miniaturlandschaften zaubern, die wie ein Naturausschnitt wirken.
Hier gilt grundsätzlich: Wenige, aber etwas größere Steine wirken besser als viele kleine. Man legt sie auf die Seite oder schräg, so daß sie zu etwa zwei Dritteln in der Erde ruhen.

SO WIRD GEPFLANZT

Damit unsere Pflanzen gut wachsen und gedeihen, müssen wir so gut wie möglich auf ihre Bedürfnisse eingehen. Daher heißt es auch, einige wichtige Voraussetzungen zu erfüllen, die es erst möglich machen, in unserem Pflanzbecken Gewächse mit unterschiedlichen Feuchtigkeitsansprüchen dauerhaft zu pflegen. Zu diesen Voraussetzungen gehört u.a. der Standort in Hinblick auf das Licht sowie die Bodenzusammensetzung.

Es gibt Pflanzen, die im sauren Milieu wachsen (das heißt, daß der pH-Wert des Bodengrundes unter pH 7 liegen soll), sowie Pflanzen, die Bodengrund mit alkalischen pH-Werten über 7 bevorzugen. Andere gedeihen im leicht sauren, neutralen oder leicht alkalischen Bereich. Hier empfiehlt es sich, die Hinweisschilder zu beachten, die von guten Pflanzenproduzenten jedem Topf beigefügt werden.

Drainage

Zuerst muß man für eine wirkungsvolle Drainage im Pflanzbehälter sorgen, damit keine Staunässe entstehen kann, die zum Faulen der Pflanzenwurzeln führen könnte. Bei reinen Sumpfpflanzen braucht man na-

Pflanzenstaffelung: hinten hohe, vorne niedrig bleibende Pflanzen

türlich keine Drainage, sie dürfen und wollen sogar dauerfeucht stehen. Und das Wasserbecken bleibt natürlich ebenfalls ohne eine Drainageschicht.

Sumpfbecken mit Schwertlilien und Vergißmeinnicht

Pflanzkörbe aus Kokos

Für die Drainage füllt man, je nach Tiefe des Holzkastens, eine 5–10 cm hohe Schicht „Blähton" ein. Diese leichten und porösen Tonkugeln kennen Sie sicher aus der Hydrokultur. Zu Drainagezwecken wird des öfteren auch Kies empfohlen. Für unsere Zwecke ist Kies aber viel zu schwer. Wir müssen immer an das Gewicht denken.
Damit kein Erdreich oder Schlamm in die Drainage gelangt und dort fault, legt man auf den Blähton ein

TIP: Teichvlies gibt es überall dort, wo man Teichfolien kaufen kann. Fragen Sie nach Resten oder übriggebliebenen Abschnitten, denn solche Stücke kann man sehr preiswert erstehen.

passend zugeschnittenes Stück Teichvlies. Es läßt Wasser durchsickern, aber keine festen Materialien.

Das Substrat
Nun widmen wir unsere ganze Aufmerksamkeit dem Pflanzsubstrat, das um den Wasserbehälter herum eingefüllt wird. Es dient den Pflanzen als Halt, Nahrungs- und Wasserreservoir. Für unsere **Sumpf- und Uferpflanzen** verwenden wir fertige Erdmischungen. Kalkfliehende Pflanzen setzen wir in die handelsübliche Rhododendronerde. Die unterschiedlichen Bedürfnisse an den pH-Wert des Bodengrundes kann man berücksichtigen, wenn man die Pflanzen, je nach Anspruch, in separate Töpfe oder Pflanzkästen mit dem von ihnen bevorzugten Substrat setzt. Welches Substrat das richtige ist, sagt Ihnen jeder Fachverkäufer beim Pflanzenkauf.
Für die **Teichpflanzen**, also die Arten, die wir im Wasserbecken pflegen wollen, mischen wir ein möglichst mageres Substrat aus Aquarienkies (Körnung 5 mm) und einem sogenannten Langzeitbodengrunddünger, wie er von Aquarianern mit Erfolg benutzt wird. Diese Mischung gibt den Pflanzen, was sie zum Wachsen brauchen, und läßt kaum Algen gedeihen. Dosieren Sie bitte nach Packungsanweisung wie für die Aquaristik angegeben.

Kästen bepflanzen
Wenn man Pflanzen kauft, so werden sie überwiegend in Plastiktöpfen angeboten. Das gilt für die Unterwasserpflanzen und Seerosen genauso wie für die Land- und Sumpfpflanzen. Damit sie bei uns dauerhaft weiterwachsen können, müssen wir sie aus den Verkaufscontainern herausnehmen.
Die Unterwasserpflanzen werden in gelochte „Seerosenkörbe" umgetopft. In diesen Körben kann das Wasser zirkulieren, und die Wurzeln können ungehindert aus dem Behältnis wachsen. Noch besser, weil Naturprodukt, eignen sich Kokoskörbe.

Die Uferpflanzen können wir, soweit sie gleiche Ansprüche an das Substrat und an die Bodenfeuchtigkeit haben, direkt neben den Wasserteil ohne Topf in den Pflanzkasten setzen. Pflanzen mit abweichenden Ansprüchen werden in handelsübliche Balkonkästen gesetzt.

Der Fachhandel bietet auch Balkonkästen mit integriertem Wasserreservoir an. Sie eignen sich besonders gut für Anlagen, die der prallen Sonne ausgesetzt sind. Die Pflanzen lassen sich darin ohne Probleme auch langfristig mit Wasser versorgen. Auch ausgesprochene Sumpfpflanzen können darin optimal gedeihen.

Eine Einzelpflanzung in Töpfen hat den Vorteil, daß man diese jederzeit umgruppieren oder herausnehmen kann (z.B. bei Schädlingsbefall), ohne das Wachstum der Pflanzen zu unterbrechen.

TIP: Tontöpfe sind allen Plastiktöpfen vorzuziehen, weil ihr natürliches Material umweltfreundlich ist und durch die feinporige Struktur Luft und Wasser zirkulieren können.

DIE PFLANZDICHTE

Wie viele Pflanzen man in welchem Abstand setzen soll, richtet sich nach ihrer endgültigen Größe und nach ihrem Vermehrungsverhalten. Unter den Teichpflanzen gibt es eine ganze Reihe von Arten, die recht mächtig werden und sich auch noch stark vermehren können.

Im Normalfall reicht für Teich- und Uferpflanzen ein durchschnittlicher Pflanzabstand von ca. 15–20 cm. Verallgemeinern kann man dies aber nicht, denn einige Arten wachsen und wirken als Gruppe (Tuff) gesetzt einfach besser. Ausgesprochene Wucherer werden immer in separate Töpfe gepflanzt.

SCHATTIEREN

In sonnigen Lagen muß man für den nötigen Sonnenschutz sorgen, damit bei Temperaturen über 30 °C keine Überhitzungsschäden auftreten können. Das Wasserleben ist durch zu hohe Wassertemperaturen besonders gefährdet.

PFLANZEN, DIE IM TUFF BESSER WIRKEN

Mindestens 5 Pflanzen:
Blutweiderich
Gemeiner Dost
Enziane
Glockenblumen
Günsel
Heidekrautgewächse
Pfennigkraut
Schwertlilien
Sumpfvergißmeinnicht
Tannenwedel
Ziest
Zwergbinsen
Zwergrohrkolben

Blutweiderich *(Lythrum salicaria)*

Wasserhyazinthe (*Eichhornia crassipes*)

DIE GEEIGNETEN PFLANZEN

Für unser Wasserbecken eignen sich alle Pflanzen, die vom Fachhandel als Gartenteichpflanzen angeboten werden.

Für den Uferbereich empfehlen sich neben den üblichen Balkonpflanzen auch noch weitere Arten, die sich für die Bepflanzung von Teichufern und Anschluß-arealen bewährt haben. Sie sind in den Pflanzen-tabellen aufgeführt.

Die meisten der Teichpflanzen stammen ursprünglich aus ruhigen und relativ warmen Gewässern bzw. deren Uferbereichen. Aus dem kaum mehr überschaubaren Sortiment einheimischer Arten und

Muschelblume (*Pistia stratiotes*)

heimisch gemachter Exoten werden in den folgenden Tabellen und Beschreibungen diejenigen Arten empfohlen, mit denen

**Lotus
(*Nelumbo lutea*)**

schon gute Erfahrungen bei der Pflege vorliegen.

Die Tabellen können natürlich nicht bindend oder vollständig sein. Sie sollen Ihnen aber dabei helfen, aus der Fülle des Angebots solche Pflanzen auszuwählen, die an dem bei Ihnen zur Verfügung stehenden Standort die größten Chancen haben, gut zu gedeihen.

TIP: Pflanzen vorsichtig aus dem Container nehmen. Diesen sogar aufschneiden, wenn Wurzeln aus dem Topf ragen.

Der Vorteil der in Containern angebotenen Pflanzen liegt darin, daß sie, ohne aus dem Wuchsrhythmus gerissen zu werden und

TROPISCHE WASSERPFLANZEN

Im sonnigen Miniteich können tropische Wasserpflanzen gedeihen.
Die bekanntesten Tropenpflanzen sind:

▶ Tropische Seerosen (*Nymphaea* x *daubeniana*-Hybriden) und Lotus (*Nelumbo lutea*),

▶ Wasserhyazinthe (*Eichhornia crassipes*) mit wunderschönen lilafarbenen Blüten,

▶ Muschelblume (*Pistia stratiotes*): sehr vermehrungsfreudig,

▶ Eidechsenschwanz (*Saururus cernuus*) für den Vordergrund,

▶ Kardinalslobelie (*Lobelia cardinalis*) für die Seitenbepflanzung,

▶ Zwergpapyrus (*Cyperus haspan*) und Zypergras (*C. alternifolius*) geeignet für die Seiten oder den Hintergrund,

▶ Wassermohn (*Hydrocleys nymphoides*): beliebte Blütenpflanze,

▶ Schwimmfarn (*Salvinia natans*) gedeiht nur bei bestem Licht,

▶ Goldkeule (*Orontium aquaticum*): hübsche goldgelbe Blüten für den Vordergrund,

▶ Duftwasserähre (*Aponogeton distachyos*) fürs Wasserbecken,

▶ Zantedeschia (*Calla aethiopica*): auch Zimmerpflanze.

jahr die Pflanzen noch klein sind – sie wachsen!

▶ Die Blätter der Pflanzen dürfen nicht welk oder vergilbt wirken, sondern müssen frisch grün aussehen.

▶ Gras oder andere Wildkräuter haben in unseren Töpfen nichts zu suchen.

▶ Wenn Ungeziefer (Blattläuse und andere Schädlinge oder Pflanzenkrankheiten) die Pflanzen befallen hat, sollten Sie auf den Kauf verzichten.

▶ Nur gesunde Pflanzen mit einwandfreien Blättern, Wurzeln, Wurzelstöcken, Sprossen und Wurzelballen sowie einwandfreie Zwiebeln werden problemlos weiterwachsen.

auch ohne Wurzelschäden, während der gesamten Vegetationszeit in unsere Anlage gepflanzt werden können. Finden sie bei uns gute Bedingungen, so wachsen

TIP: Eine Möglichkeit, günstig an Pflanzen zu kommen, besteht darin, sich im Freundes- und Bekanntenkreis bei Gartenteichbesitzern umzuhören. Denn im Frühjahr, wenn zu üppig gewachsene Pflanzenbestände ausgelichtet werden müssen, steht man immer wieder vor der Frage: Wohin mit dem überzähligen Grün?

sie problemlos an, gedeihen gut und erfreuen uns schließlich mit reichem Blütenflor.
Naturentnahmen sind stets abzulehnen und auch nicht nötig, weil alle heimischen Pflanzenarten in bester Qualität ganzjährig in Pflanzcontainern angeboten werden.

BEIM PFLANZEN-KAUF BEACHTEN

Achten Sie beim Pflanzenkauf auf die folgenden Punkte:

▶ Die Triebe der Pflanzen müssen gut entwickelt sein. Keine Bange, wenn im Früh-

Kardinalslobelie (*Lobelia cardinalis*)

KÖNIGLICHE SEE-ROSEN

Ein besonderes Augenmerk muß man beim Kauf auf die Wurzelstöcke (Rhizome) der Seerosen richten. So darf weder das Substrat noch der Wurzelstock stark nach faulen Eiern riechen. Bemerkt man erst nach dem Kauf, daß der Wurzelstock fault, so kann man die Pflanze retten, wenn die Fäulnis ca. 30 % des Rhizoms verschont hat. Zuerst die verfaulte Masse mit einem scharfen Messer vom gesunden Gewebe abtrennen, dann die Schnittstelle in Holzkohle tauchen (oder Aquarienfilterkohle) und diese gut antrocknen lassen.

Pflanzung

Dann wird die Seerose so eingepflanzt wie üblich: So tief und möglichst schräg in den vor-

Kleine Seerosen gedeihen im sonnigen Miniteich.

bereiteten Korb setzen, daß der Austrieb ohne Substrat bleibt. Pflanzkörbe aus natürlichen Materialien wie Kokosfasern sind den Kunststoffkörbchen vorzuziehen!

Weiße Zwergseerose (*Nymphaea pygmaea* 'Alba')

Düngung

Seerosen haben einen höheren Nährstoffbedarf als die anderen Teichpflanzen und verlangen, um vor allem reich zu blühen, einen nahrhaften Bodengrund. Wir mischen hier zum Aquarienkies die dreifach dosierte Menge des Aquariendüngers. Außerdem düngen wir regelmäßig alle 4 Wochen mit Düngekugeln nach, die man einfach neben den Wurzelstock steckt.

TIP: Abgeblühte Seerosen und vergilbte Blätter sollte man immer gleich dicht über dem Rhizom abschneiden, damit sie im Wasser nicht anfangen zu faulen. Das Rhizom mit Band am Pflanzkorbboden festbinden.

Seerosen für den Miniwassergarten

▶ Die **weiße Seerose** (*Nymphaea pygmaea* 'Alba') hat von Juni bis September wunderschöne weiße Blüten mit einem Durchmesser von 4 cm. Sie ist die kleinste Seerose. Diese Seerose benötigt eine Wassertiefe von 15-35 cm. Auf eine Fläche von 0,5 m² setzt man ein bis zwei Pflanzen. Unter einer Schutzhaube kann sie draußen überwintern.

▶ Die **Rosa Seerose** (*Nymphaea* 'Laydekeri Liliacea') blüht von Juni bis August in rosa bis lilarosa Tönen. Ihr Blütendurchmesser beträgt 8-10 cm. Ideal ist eine Wassertiefe von 30-40 cm, die Wasseroberfläche sollte aber mindestens einen Durchmesser von 80 cm haben. Auf eine Fläche von 0,5 m² setzt man ebenfalls ein bis zwei Pflanzen. Auch

sie kann unter einer Schutzhaube draußen überwintern.

▶ *Nymphaea* 'Laydekeri Fulgens' blüht in einem leuchtenden Rot von Juni bis August. Der Blütendurchmesser beträgt 8 cm, dabei wachsen die Blütenstiele über die Wasseroberfläche hinaus, so daß die Blüten über dieser erhaben stehen. Die optimale Wassertiefe liegt bei 20-40 cm. Bei einer Wasserfläche von 1 m² genügt eine Pflanze. Auch sie kann unter einer Schutzhaube draußen überwintern.

▶ Die **Rote Seerose** (*Nymphaea* 'Froebeli') hat 10 cm große, leuchtend purpurrote Blüten, die auch am Abend noch offen sind. Zudem ist sie sehr blühwillig. Ihre Blütezeit dauert von Juni bis August. Eine Wassertiefe von 30-40 cm ist optimal. Dabei pflanzt man pro m² eine Seerose. Auch sie kann unter einer Schutzhaube draußen überwintern.

▶ *Nymphaea* 'Mdm. Mce. Laydeker' ist eine dunkelrot blühende Zwergform. Auch ihre Blüten, die sie von Juni bis August zeigt, sind 8 cm groß. Sie gedeiht bei einer Wassertiefe von 20-30 cm. Eine Pflanze genügt für eine Fläche von 1 m². Unter einer Schutzhaube kann auch sie draußen überwintern.

▶ Die **gelbe Seerose** (*Nym-*

phaea pygmaea 'Helvola') ist die einzige gelbblühende Zwergsorte. Sie ist kleinwüchsig, mit kleinen Blüten (Durchmesser 4 cm) von Juni bis Juli. Sie ist auch schon mit einer Wassertiefe von 10-30 cm zufrieden. Auf eine Fläche von 1 m² pflanzt man eine Seerose. Diese gelbe Seerose braucht Winterschutz – daher sollte sie möglichst drinnen überwintern.

▶ Auch die **Zwergteichrose** (*Nuphar pumila*) mit ihren kleinen gelben Blüten gedeiht im sonnigen Miniteich.

Rote Seerose (*Nymphaea* 'Laydekeri')

Zwergteichrose (*Nuphar pumila*)

Tannenwedel (Hippuris vulgaris)

Wasserschlauch-Blüte (Utricularia vulgaris)

PFLANZEN FÜR DIE SÜDSEITE

Viele Teichpflanzen, insbesondere die Seerosen, lieben sonnige Standorte. Je heller und sonniger, um so besser wachsen und um so früher und auch reicher blühen sie.

Um sonnige Standorte muß man sich aber auch besonders viel kümmern, weil durch die starke Sonneneinstrahlung sehr viel Wasser verdunstet.

TIP: Weil die in den Tabellen mit einem * gekennzeichneten Pflanzen oder deren Blüten, Früchte und Blätter bzw. Wurzeln giftig sind, sollte man auf ihren Einsatz im Miniwassergarten verzichten, wenn sie von Kleinkindern oder Heimtieren erreicht werden können.

Exoten für den Miniteich

Wer über einen lichtreichen Südbalkon verfügt, der kann auch noch eine ganze Reihe exotischer „Sonnenkinder" pflegen. Diese Pflanzen werden immer wieder als Gartenteichpflanzen angeboten und auch gekauft, obwohl sie nicht winterhart sind und schon vom ersten Frost dahingerafft werden. Sie können in einem Zimmerteich im Wohnbereich

Pfeilkraut (Sagittaria sagittifolia)

WASSERPFLANZEN FÜR SONNIGE SÜDLAGEN

Deutscher und botanischer Name	Größe	Wasser-tiefe	Stückzahl je 0,5 m²	Blüte-zeit	Blüten-farbe	Bemerkungen
Kleiner Algenfarn (*Azolla caroliniana*)	2–3 cm	Schwimm-pflanze	1 Portion	–	Die kleinen Blättchen färben sich rot-braun.	Diesen Schwimmfarn muß man klein halten, er bedeckt sonst schnell die gesamte Wasseroberfläche. Wird oft mit Seerosen eingeschleppt.
Ähriges Tausend-blatt (*Myriophyllum spicatum*)	Unter-wasser-pflanze	ab 30 cm	20	VI–VIII	rötlich	Guter Sauerstoffspender, algenwuchshemmend, wasserreinigend. Kann draußen überwintern.
Wasserlebermoos (*Riccia fluitans*)	5 cm lang, hübsche Polster bildend	Schwimm-pflanze	1 Portion	–	–	Starkwüchsiges, blaß-grünes Schwimmoos. Aquarienformen müssen drinnen überwintern.
Pfeilkraut (*Sagittaria sagittifolia*)	60–80 cm	20–40 cm	2–3	V–VII	weiß	Unbedingt nährstoffreich und in Pflanzkorb pflanzen. Windschutz nötig.
Wassernuß (*Trapa natans*)	schwim-mende Blatt-rosette, Ø ca. 20 cm	ab 40 cm	1	VI–VII	un-schein-bar	Liebt warmes, kalkarmes Wasser. Es werden oft Asien-Importe angeboten, die nicht winterhart sind.

Auch Tannenwedel *(Hippuris vulgaris)* und Wasserschlauch *(Utricularia vulgaris)* sind geeignet – siehe Tabelle auf Seite 43.

oder in einem Wintergarten die kalte Jahreszeit überdauern, vorausgesetzt, daß man warmes Wasser und starkes Kunstlicht anbietet.
Auf der Seite 35 werden einige dieser Pflanzen vorgestellt.
Wenn Sie mehr über tropische Pflanzen wissen wollen, so empfehle ich ein gutes Wasserpflanzenbuch aus der Aquaristik oder dem Gartenbereich.

Wassernuß *(Trapa natans)*

SUMPFPFLANZEN FÜR SONNIGE LAGEN

Deutscher und botanischer Name	Größe	Stückzahl je 0,5 m²	Blütezeit	Blütenfarbe	Bemerkungen
Sumpfdotterblume (Caltha palustris)	30 cm	3–5, für Vordergrund	IV–VI	gelb	Blüht sehr früh. Es gibt auch gef blühende Sorten in Gelb und We Winterhart.
Wiesenschaumkraut (Cardamine pratensis)	bis 30 cm	2–3, für Vordergrund	IV–V	weiß bis blaßlila	Frühblühende Wildpflanze. Winterhart.
Sumpf-Wolfsmilch* (Euphorbia palustris)	50–100 cm	1–2, für Seitenbepflanzung	V–VI	grünlich	Sehr hübsches (Herbst-)Laub.
Zwergbinse (Juncus ensifolius)	bis 30 cm	5, für Vordergrund	VII–IX	Ähren bräunlich	Starkwüchsige, rasenbildende W pflanze. Kann sich durch Ausläu rasch vermehren.
Blaubinse (Juncus inflexus, glaucus)	bis 60 cm	2–3, für Hintergrund	VII–VIII	Ähren bräunlich	Sehr schöne, blaugrüne Pflanze. Winterhart.
Strauß-Goldfelberich (Lysimachia thyrsiflora)	40 cm	3, für Seitenbepflanzung	VI–VIII	gelb	Vermehrungswillige, hübsche Pflanze. Unbedingt in einen Top pflanzen!
Wasserminze (Mentha aquatica)	40 cm	5–10, Vordergrund, Seitenbepflanzung	VII–X	hellviolett	Intensiv nach Pfefferminze dufte Pflanze. Man kann die Blätter zu Teezubereitung nutzen.
Sumpfvergißmeinnicht (Myosotis palustris)	30–50 cm	5, für Vordergrund	V–IX	blau	Problemlose Wildpflanze; gedei am besten im weichen, leicht sau Wasser (pH höchstens bis 7,2).
Ziest (Stachys palustris)	bis 80 cm	5, für Hintergrund	VI–IX	purpur	Hübsche Wildpflanze, die sich vi fach bewährt hat.
Kleiner oder Zwergrohrkolben (Typha minima)	bis 60 cm	3–5 für Seiten oder Hintergrund	V–IX	3–4 cm lange Rohrkolben,	Für kleine Anlagen ideal. Vor starkem Wind schützen!

Ziest (Stachys palustris)

TIP: Tropische Pflanzen dürfen erst nach den Eisheiligen ab Mitte Mai nach draußen.

Gestaltung

Für Ihren sonnigen Südbalkon oder andere sonnige Standorte können Sie ganz leicht einen Miniwassergerten gestalten. Sie bauen ihn

Wasserminze (M. aquatica)

Gauklerblume (Mimulus luteus)

nach der Anleitung von Seite 22.

Für das **Wasserbecken** suchen Sie eine Seerose von Seite 37 aus und ergänzen evtl. noch Wasserpflanzen aus der Tabelle von Seite 39.

In die **Pflanzkästen** pflanzen Sie Sumpf- bzw. Uferpflanzen aus den Tabellen von Seite 40 und 41. In diesen Tabellen finden Sie auch Angaben darüber, ob die Pflanzen in den Vorder- oder Hintergrund oder gar an die Seiten des Miniwas-

sergartens plaziert werden sollten.

Sie können sich aber auch an die Pflanzvorschläge für sonnige Miniteiche halten, die Sie auf Seite 8 und 9 finden.

PFLANZEN FÜR WEST- UND OST-SEITEN

Fast alle Teichpflanzen lassen sich an halbschattigen Standorten kultivieren, weil ein großer Teil dieser Pflanzen auch am natürlichen

FERPFLANZEN FÜR SONNIGE LAGEN

eutscher und otanischer Name	Größe	Stückzahl je 0,5 m²	Blüte-zeit	Blüten-farbe	Bemerkungen
riechender Günsel (juga reptans)	bis 10 cm	3	IV–V	blau	Üppig wachsender Bodendecker.
nse (uncus compressus)	30 cm	1–2	VI–VII	bräunlich	Hübsche Wildpflanze.
eberklee (Menyanthes trifoliata)	30 cm	1–2	V–VII	weiß/rosa	Alte Heilpflanze, die gut gedeiht, wenn man sie ins Wasser hineinwachsen läßt.
auklerblume (Mimulus luteus)	30 cm	3–5, für den Vordergrund	V–X	goldgelb	Vollkommen winterhart. Dauerblüher, der sich gut vermehrt.
auklerblume (Mimulus ringens)	60 cm	3–5	V–X	blau-violette Rachenblüten	Vollkommen winterhart. Dauerblüher, der sich gut vermehrt.
auklerblume (Mimulus-Hybride oter Kaiser')	20 cm	3–5	VI–VIII	leuchtend rot	Erhält sich durch Selbstaussaat. Am besten Samen zurückhalten.
auklerblume (Mimulus-Hybride grinus Grandiflorus'	20 cm	3–5	VI–VIII	gelbe Trompetenblüten	Es gilt das gleiche wie für den Hybriden 'Roter Kaiser'.
iesenknöterich olygonum affine uperbum')	bis 25 cm	3–5	VI–X	rosa-rot	Kann sich stark vermehren.

Günsel *(Ajuga reptans)* gedeiht auch in Ost- und Westlagen.

Geeignete Pflanzen zur Uferbegrünung finden Sie in den Tabellen auf den Seiten 44 und 45. Wenn nichts anderes angemerkt ist, benötigen diese Pflanzen einen halbschattigen bis sonnigen Standort.

Gestaltung

Auch an westlichen und östlichen Standorten brauchen Sie auf einen Miniwassergarten nicht zu verzichten. Sie bauen einen Miniteich, wie er auf Seite 22 beschrieben ist.

Für das **Wasserbecken** wählen Sie eine Seerose von Seite 37 oder ein bis zwei Wasserpflanzen aus der Tabelle von Seite 43.

In den **Pflanzbehälter** im Vordergrund pflanzen Sie niedrigere Pflanzen aus der Tabelle auf Seite 44. In die seitlichen und hinteren

Sumpfcalla *(Calla palustris)*

Standort im Wechsel von Licht und Schatten lebt. Auch bei der Pflege in Teichen können sie sich an die unterschiedlichen Lichtverhältnisse gut anpassen. Für das west- oder ostseitig gelegene Wasserbecken eignen sich also im Prinzip auch diejenigen Wasserpflanzen und Seerosen, die auch südseitig wachsen (siehe auf den Seiten 36–41). Bei zunehmendem Schatten sind sie allerdings etwas weniger blühfreudig.

Schwanenblume
(Butomus umbellatus)

Krebsschere (links) und Seekanne (rechts)

Aufrechter Igelkolben

WASSERPFLANZEN FÜR OST- UND WESTLAGEN

Deutscher und botanischer Name	Größe	Wasser-tiefe	Stückzahl je 0,5 m²	Blüte-zeit	Blüten-farbe	Bemerkungen
Froschlöffel* (Alisma plantago-aquatica)	40–100 cm	5–30 cm	1	VI–VIII	weiß/rosa	Hübsche Pflanze, die einzeln stehen sollte. Winterhart.
Hornkraut (Ceratophyllum demersum)	lange, oft verzweigte Ranken	schwimmend	1 Portion	–	–	Guter Sauerstoffspender, wasserreinigend. Kann draußen überwintern.
Tannenwedel (Hippuris vulgaris)	–	beliebig	5	VI–VIII	unschein-bar	Starke Vermehrung durch Ausläufer. In Pflanzkorb setzen! Winterhart.
Froschbiß (Hydrocharis morsus-ranae)	5–7 cm	Schwimm-pflanze	3–5	V–VII	weiß	Nicht für Wasser über 10° dGH geeignet.
Seekanne (Nymphoides peltata)	Blüte Ø 5–8 cm	bis 30 cm	1	VI–VII	gelb	Seerosenähnlich. Kann unter Schutzhaube draußen überwintern.
Krebsschere (Stratiotes aloides)	Rosette Ø 30–40 cm	schwimmend	1	V–VII	weiß	Wasserklärend und algenhemmend. Kann draußen überwintern.
Wasserschlauch (Utricularia vulgaris)	lange Ranken	schwimmend	2–3	VI–VII	goldgelb, über Wasser	Fleischfressende Unterwasserpflanze. Erst einbringen, wenn das Becken schon reichlich Kleinleben aufweist.

Pflanzbehälter gehören höhere Pflanzen aus der Tabelle von Seite 45. Fertige Pflanzvorschläge für leicht sonnige bis halbschattige Lagen finden Sie aber auch auf den Seiten 8 und 10. Einen kleinen Miniteich mit sieben Wasser- bzw. Pflanzbehältern ist auf Seite 9 mit Pflanzplan abgebildet.

Trollblumen *(Trollius europaeus)*

NIEDRIGE PFLANZEN FÜR DEN VORDERGRUND

Deutscher und botanischer Name	Boden	Stückzahl je 0,5 m²	Blütezeit	Blütenfarbe	Bemerkungen
Sumpfcalla* (Calla palustris)	Sumpf	1–2	VI–VII	weiß	Braucht kalkfreien, dauerfeuchten Boden.
Schachblume (Frittillaria meleagris)	feuchter Boden	5	IV–V	weiß bis purpur	Attraktive, schon sehr früh blühende Uferpflanze.
Bachnelkenwurz (Geum rivale)	leicht feuchter Boden	2	V–VI	rötlich	Wirkt durch sattgrünes Laub und kleine Samenkapseln.
Sumpfjohanniskraut (Hypericum tetrapterum)	feuchter Boden	2–3	VI–VIII	gelb	Liebt volle Sonne, gedeiht aber auch im Halbschatten.
Waldhainsimse (Luzula sylvatica)	leicht feuchter Boden	1 Solitär	VI–VII	Rispen	Gras mit glänzend-grünen Blättern, wintergrün.
Kuckuckslichtnelke (Lychnis flos-cuculi)	feucht-sumpfig	5	VI–VII	fleisch-rot	Ausdauernd blühende Pflanze, Insektenweide.
Pfennigkraut, Gilbweiderich (Lysimachia nummularia)	feuchter Boden	5–10	VI–VIII	gelb	Herrlicher Bodendecker, der stark wuchern kann. Sehr empfehlenswert.
Rundblättrige Minze (Mentha suaveolens, rotundifolia)	feuchter Boden	5	VII–IX	hell-lila	Duftpflanze, gute Bienenweide.
Hechtkraut (Pontederia cordata)	feuchter Sumpf	3	VII–VIII	hell-blau	Kann auch im Pflanzkorb im Wasser stehen. Winterschutz nötig.
Kleiner Baldrian (Valeriana dioica)	feuchter Boden	2–3	V–VII	rosa bis fleischrot	Wird leider zu selten angeboten. Gute Bienenweide.
Bachbunge (Veronica beccabunga)	Sumpf	5	V–VIII	blau	Hübsche kriechende Uferpflanze.

HÖHERE PFLANZEN FÜR SEITE UND HINTERGRUND

Deutscher und botanischer Name	Boden	Stückzahl je 0,5 m²	Blütezeit	Blütenfarbe	Bemerkungen
Kalmus* (Acorus calamus)	Sumpf	2	VI–VII	grünlichgelb	Alte Heilpflanze, sehr wuchsfreudig.
Kalmus* (Acorus calamus 'Variegatus')	Sumpf	2	VI–VII	grünlichgelb	Diese Zuchtform ist wegen der hübschen weiß-grünen Blattstreifung sehr beliebt. Braucht Winterschutz.
Blumenbinse, Schwanenblume (Butomus umbellatus)	Sumpf	2–3	VI–VIII	rötlichweiß	Attraktive Blüten. Die Pflanze braucht Windschutz, damit die Blüten nicht abknicken.
Glockenblume (Campanula-Arten)	leicht feuchter Boden	3–5 je Sorte	VI–IX	blaue und weiße Sorten	Hübsche Sorten, die auch am Teichrand gut gedeihen.
Hängesegge (Carex pendula)	leicht feuchter Boden	1 Solitär	V–VII	hübsche Rispen	Eine Bereicherung für jede Anlage. Halbschatten bis Vollschatten.
Gemeiner Dost (Eupatorium cannabinum)	feuchter Boden	1–2	VII–VIII	weiß bis leicht rötlich	Wertvolle Insektenweide.
Kleines Mädesüß (Filipendula vulgaris)	feuchter Boden	2–3	VI–VII	gelblichweiß	Hübsche Pflanze, die leider zu selten angeboten wird.
Sumpfstorchschnabel (Geranium palustre)	feuchter Boden	1	VI–IX	rotviolett	Herrliche Blütenpflanze, die schöne Polster bildet.
Japan. Sumpfschwertlilie (Iris kaempferi)	feuchter Boden; kalkarm (evtl. etwas Torf beimischen)	2–3	VI–VII	viele Sorten mit verschiedenfarbigen Blüten	Je mehr Sonne, desto besser blühen sie.
Sibirische Schwertlilie (Iris sibirica)	feuchter Boden (alkalisch), im Topf pflanzen	1–2	V–VII	blau	Herrliche Wildpflanze, die dichte Horste bildet.
Scheincalla (Lysichiton americanus)	feuchter Boden	1–2	IV–V	gelb	Winterschutz nötig.
Goldfelberich (Lysimachia punctata)	feuchter Boden	2–3	VI–VIII	gelb	Lang blühende Pflanze, die stark wuchern kann.
Blutweiderich (Lythrum salicaria)	feuchter Boden	1–2	VII–IX	violettrot	Üppig wachsende Art. Im Herbst zurückschneiden.
Aufrechter Igelkolben (Sparganium erectum)	Sumpf	1–2	VI–IX	gelblichweiß	Attraktive Art, die durch ihren Fruchtstand auffällt.
Beinwell (Symphytum officinale)	feuchter Boden	1	V–VII	violett	Üppige Pflanze, die mächtige Horste bilden kann. Im Herbst zurückschneiden.
Trollblume (Trollius europaeus)	feuchter Boden	3	IV–VI	gelb	Hübsche Wildpflanze, auch gefüllte Zuchtformen.

Lungenkraut (*Pulmonaria officinalis*)

PFLANZEN FÜR DIE NORDSEITE

Tiefschattige Nordlagen werden im allgemeinen als problematisch angesehen. Vieles gedeiht dort nicht, weil es zu dunkel und zu kühl ist.

Dies trifft aber nur bedingt zu, denn es gibt auch eine ganze Anzahl von Pflanzen, denen solche Bedingungen zusagen, oder solche, die auch mit wenig Sonne auskommen, die am Morgen oder am Abend einfällt. Auch mit den sogenannten Schattenstauden kann man hübsche Blickpunkte schaffen, weil es unter ihnen viele Arten gibt, die durch satte Grüntöne und prächtig geformte Blätter wirken.
Für die Randbe-

Rosa Seerose (*Nymphaea* 'Laydekeri Lilacina')

pflanzung schattiger Standorte eignen sich noch weitere Pflanzen, die man im engeren Sinne eigentlich nicht zu den Teich- und Sumpfpflanzen zählt. Sie wachsen am besten in einem humosen, leicht feuchten Boden.

Farne und Funkien

Insbesondere Farne gedeihen in Wassernähe sehr gut. Einige Arten sind für unsere Zwecke geeignet. Sie finden diese in der Tabelle auf Seite 48.
Eine weitere schöne Pflanzengruppe für schattige Lagen sind die Funkien (*Hosta*). Die zahlreichen *Hosta*-Arten und -Sorten zählen zum Feinsten, was es an Blattschmuckpflanzen gibt. Aber auch die Blüten sind wunderschön und verströmen einen leichten bis starken, angenehmen Duft. Einige Funkien:
▶ Blaublattfunkie (*Hosta sieboldiana*) mit graugrünen bis blaugrauen Blättern und vielen Sorten.
▶ Wellblattfunkie (*Hosta undulata*) in vielen Sorten mit weiß-grünen Blättern.
▶ Weißrandfunkie (*Hosta sieboldii*) mit grünen Blättern mit schmalem, weißem Rand.

Gestaltung

Ein Miniwassergarten für schattige Standorte, wie sie z.B. auf Nordbalkonen und

Wasserschwertlilie *(Iris pseudacorus)*

Wasserfeder *(Hottonia palustris)*

WASSERPFLANZEN FÜR SCHATTIGE NORDLAGEN

Deutscher und botanischer Name	Bemerkungen
Wasserpest *(Elodea canadensis)*	Sehr gut wüchsig und ein hervorragender Sauerstoffspender. Wächst nahezu überall. Wuchert; im Korb pflanzen.
Wasserfeder *(Hottonia palustris)*	Im Substrat wurzelnde Unterwasserpflanze mit hübschen gefiederten Blattquirlen. Kann ihre zartrosa Blüten über die Wasseroberfläche strecken. Liebt weiches, leicht saures Wasser (bis pH 6,8), deshalb nicht überall geeignet.
Zwergteichrose *(Nuphar pumila)*	Blüten Ø 4–5 cm, Wassertiefe 20–40 cm. Blüten hellgelb. Pflanze wirkt besonders hübsch durch ihre salatblattähnlichen Unterwasserblätter. Winterhart.
Rosa Seerose *(Nymphaea 'Laydekeri Lilacina')*	Blüten Ø 5–8 cm, Wassertiefe 20–40 cm. Eine kleine Seerose, die mit etwas Morgen- oder Abendsonne zufrieden ist. Vor dem Einsetzen sollte man das Wasser auf ca. 25 °C anwärmen. Im Herbst muß man sie zum Überwintern nach drinnen nehmen.
Rosa Seerose *(Nymphaea odorata 'Odalisque')*	Blüten Ø 8–10 cm, Wassertiefe 40–60 cm. Kugelblüte lachsrosa mit goldgelben Staubgefäßen, über der Wasseroberfläche stehend; duftend! Kommt auch mit wenig Sonne zurecht.

SUMPFPFLANZEN FÜR NORDLAGEN

Deutscher und botanischer Name	Größe	Plazierung
Haselwurz (*Asarum europaeum*)	10 cm	Vordergrund
Prachtspiere (*Astilbe* in Sorten)	bis 80 cm	Seiten und Hintergrund
Riesensteinbrech (*Bergenia* in Sorten)	bis 50 cm	Vordergrund und Seiten
Waldglockenblume (*Campanula*-Arten)	bis 60 cm	Seiten und Hintergrund
Segge (*Carex pendula*)	bis 90 cm	Hintergrund
Waldschmiele (*Deschampsia cespitosa*)	bis 80 cm	Seiten und Hintergrund
Tränendes Herz (*Dicentra*-Arten)*	30–70 cm	Seiten und Hintergrund
Funkien (*Hosta* in Sorten)	30–70 cm	Seiten und Hintergrund
Greiskraut (*Ligularia*-Arten)	bis 100 cm	Hintergrund

FARNE FÜR SCHATTIGE UFER

Deutscher und botanischer Name	Größe	Bemerkungen
Frauenfarn (*Athyrium filix-femina*)	80 cm	Hintergrund
Rippenfarn (*Blechnum spicant*)	30 cm	Kalkfreier Boden! Hintergrund
Goldschuppenfarn (*Dryopteris affinis*)	80 cm	Hintergrund
Straußfarn (*Matteuccia struthiopteris*)	80 cm	Hintergrund
Perlfarn (*Onoclea sensibilis*)	40 cm	Ausläufertreibend; Seiten
Sumpffarn (*Thelypteris palustris*)	50 cm	Ausläufertreibend; Hintergrund

-terrassen zu finden sind, baut man genauso wie alle anderen Miniteichanlagen auch (Bauanleitung auf Seite 22).

Nur in der Pflanzenauswahl ist man auf solche beschränkt, die in dieser Lage gedeihen. Doch selbst auf Seerosen brauchen Sie nicht zu verzichten – die Tabelle auf Seite 47 nennt neben geeigneten Wasserpflanzen auch zwei Seerosen für schattige **Wasserbecken.** Für die **Pflanzbehälter** stehen Sumpfpflanzen und Farne (Tabellen auf Seite 48) sowie verschiedene Uferpflanzen (Tabelle auf Seite 49) zur Verfügung.

PFLANZEN, DIE DEN MINIWASSERGARTEN RAHMEN

Der Gesamteindruck unserer Miniteichanlage läßt sich noch steigern, wenn man die Umgebung in das Arrangement mit einbezieht. Man kann weitere Kästen, Schalen, Kübel und andere Behälter um den zentralen Blickpunkt herum gruppieren. Dabei darf allerdings nie die Statik (siehe Seite 19) außer acht gelassen werden.

Dekorative schattenspendende Rankgerüste lassen sich jederzeit, auch noch nachträglich, neben und hinter unserer Teichanlage anbringen.

Mehrjährige Kletterpflanzen

Zu den mehrjährigen Rankpflanzen gehört der bekannte **Efeu** (*Hedera helix*, giftig) mit seinen vielen Zuchtformen. Darunter sind einige mit hübsch

Pfennigkraut *(Lysimachia nummularia)*

Weiße Pestwurz *(Petasites albus)*

PFLANZEN FÜR SCHATTIGE UFER

Deutscher und botanischer Name	Größe	Boden und Plazierung	Stückzahl je 0,5 m²	Blüte- zeit	Blüten- farbe	Bemerkungen
Frauenmantel *(Alchemilla mollis)*	30 cm	feucht; für Seite und Hintergrund	1	VI	gelb	Alte Heilpflanze, sehr gut wüchsig und ausdauernd.
Wasserschwertlilie *(Iris pseudacorus)*	bis 100 cm	Sumpf; auch im Pflanzkorb im Becken. Hintergrund.	2	V–VII	gelb	Sollte an keinem feuchten Standort fehlen. Ideal für unsere Zwecke.
Weiße Pestwurz *(Petasites albus)*	30– 60 cm	feucht; für Seiten	1–2	III–V	weiß	Früh blühende Art, die nach der Blüte durch ihre herzförmi- gen Blätter wirkt.
Primel *(Primula,* ver- schiedene Sorten)	10– 60 cm	feucht; für Vorder- grund	3–5	je nach Sorte III–VII	viel- farbig	Die beliebten Primeln gedeihen auch am Miniteich.
Lungenkraut *(Pulmonaria*-Arten)	20– 40 cm	feucht; für Seiten	3	III–IV	rot/ blauvio- lett	Früh blühende Pflanze mit hübschen Blättern.

Es eignet sich auch das Pfennigkraut *(Lysimachia nummularia),* siehe Tabelle auf Seite 44.

panaschierten grün-weiß ge-
fleckten Blättern.
Ebenso wintergrün und für
schattige Plätze geeignet ist
das **Geißblatt** (*Lonicera hen-
ryi*), dessen frischgrünes
Laub vom Juni bis zum Au-
gust noch mit kleinen gelb-
roten Blüten durchsetzt ist.
Das Geißblatt liebt humo-
sen, feuchten Boden.
Clematis-Arten, zu denen
auch die kleinblütige **Waldrebe** (*Clematis montana*) gehört, sind winterharte Kletterpflanzen und wüchsige
Schlinger. Nordseitig bis
halbschattig gepflanzt, fühlen sich die Waldreben in
humosem, gut wasserdurch-
lässigem Boden am wohl-
sten.

Sonnigere Plätze
an der Ost- oder
Westseite lieben

Blühender Rahmen für einen Miniteich

**Funkie
(Hosta sieboldiana)**

die relativ an-
spruchslosen For-
men des **Wilden
Weines** (*Partheno-
cissus tricuspidata*),
die zwar nicht win-
tergrün sind, aber
durch ihre
prächtige Laub-
färbung im
Herbst beste-
chen. Wer diese

Pflanzen pflegen will, sollte
viel Platz zur Verfügung haben, denn der Wilde Wein
wächst so stark, daß in
2–3 Jahren die üblichen Balkonkästen oder Kübel zu
eng werden.
Wer viel Platz hat und einen
Schlinger sucht, der schnell
und üppig wächst, dem sei
der **Knöterich** (*Polygonum*)
empfohlen. Er kommt an
nahezu allen Standorten
und fast mit jedem Boden
zurecht. Der einzige Nach-

teil ist das kahle Gezweig im Winter, was die Pflanze durch einen rötlichen Austrieb im Frühjahr und durch weiße Blütenrispen, die vom August bis weit in den September hinein leuchten, wieder wettmacht.

Einjährige Kletterpflanzen

Neben den genannten Kletterpflanzen sind auch noch einige der „Einjährigen" zu erwähnen, die wegen ihrer farbigen Blütenpracht sehr beliebt sind. Für nahezu alle Standorte ist die bekannte Kletter-**Kapuzinerkresse** (*Tropaeolum*) geeignet. Nach dem Verblühen für die Aussaat im nächsten Frühjahr Samen abnehmen!

Für sonnige Standorte ist die **Duftwicke** (*Lathyrus odoratus*) besonders zu empfehlen. Sie erreicht etwa zwei Meter Höhe an unserer Kletterhilfe. Man sollte sie bereits im Februar drinnen vorziehen und nach den Eisheiligen auspflanzen. Wenn die Pflanze anfängt, Samen zu bilden, hört sie auf zu blühen. Verblühtes also sofort abschneiden! Ebenso licht- und feuchtigkeitsliebend ist die **Uferwinde** (*Calystegia sepium*). Diese eher schlichte Schönheit erfreut uns mit ihren weißen trichterförmigen Blüten von Juni bis September. Die Pflanze benötigt einen stets feuchten Boden

Kletternde *Clematis*

und engstehende Rankhilfen.

Kletterpflanzenpflege

Wichtig ist das richtige Gießen. Je sonniger und wärmer der Standort ist, um so häufiger muß Wasser gegeben werden, da das meist üppige Blattwerk bei starker Sonneneinstrahlung extrem viel Feuchtigkeit verdunstet. Unsere mehrjährigen Immergrünen müssen wir auch im Winter regelmäßig gießen, damit sie nicht verdorren. In Extremlagen sollte man auch für Frostschutz durch Tannenreisig oder ähnliches sorgen.

Bunte Blütenpracht mit Primeln *(Primula japonica)* und Vergißmeinnicht

Wasserfall im Miniteich

Pflanzenvielfalt im Kunststoffkübel

Pflegen und Überwintern

So bleibt der Miniteich schön

Ohne ein gewisses Maß an Pflege kommt unser Miniwassergarten nicht aus, auch wenn man bei der Anlage nichts falsch gemacht hat.

Unsere Pflanzen sind zwar recht anpassungsfähig und ausdauernd, aber grobe Pflegefehler nehmen sie doch übel.

Um sicherzugehen, daß alles auf Dauer gut gedeiht, sollte man täglich nach dem Rechten sehen. Dann kann man auftretende Probleme rechtzeitig erkennen und sofort Maßnahmen ergreifen.

Links: Schachblume
Rechts: Der Wasserspeier bildet einen schönen Blickfang.

RICHTIG GIESSEN

Frisches, kaltes Leitungswasser sollte man niemals verwenden. Das Wasser kommt mit ca. 8–10 °C aus der Leitung, und die Temperatur des Pflanzsubstrates liegt, je nach Sonneneinstrahlung, meistens viel höher. Auf einen solchen Temperaturschock reagieren Pflanzen mit Wachstumsstillstand.

Außerdem muß man den unterschiedlichen Wasserbedarf der Pflanzen berücksichtigen. Die Teich- und Uferpflanzen gedeihen in einem stets gut durchfeuchteten Substrat am besten. Dauerfeuchte Böden neigen aber gern zur Fäulnisbildung. Deshalb prüft man von Zeit zu Zeit das Erdreich: Es darf nie nach faulen Eiern oder Schwefel riechen. Sollte dies der Fall sein, genügt es meist, wenn man die faulenden Bereiche gegen frisches Substrat austauscht.

Man begießt den Wurzelbereich der Pflanzen mit gut abgestandenem, lauwarmem Wasser.

Morgens oder abends

Gegossen wird also regelmäßig. Am besten morgens oder abends, wenn die Sonne nicht mehr auf die Pflanzen brennt. Bei Südlagen empfiehlt es sich, abzuschattieren und zweimal täglich zu gießen. An besonders heißen Tagen sind Grünpflanzen auch dankbar, wenn man sie am Abend lauwarm abbraust. Am besten mit abgestandenem, lauwarmem Wasser. Aber nie in geöffnete Blüten sprühen!

TIP: Sehr kalkhaltiges, also hartes Leitungswasser (über 15° dGH) sollte man mit ca. 50 % Regenwasser vermischen, das wegen der Luftverschmutzung aber erst nach längeren Regengüssen aufgefangen werden darf.

DÜNGEN

Damit sich die Pflanzen optimal entwickeln können, muß man sie richtig ernähren, d.h. gut düngen. Gedüngt wird nur während der Vegetationsperiode, wenn die Pflanzen Substanz aufbauen und blühen. In unserer Anlage ist dies vom April bis in den Juli hinein. Die Wasserpflanzen düngt man wöchentlich einmal mit einem guten Wasserpflanzendünger, wie ihn die Aquarianer verwenden (im Fachgeschäft erhältlich). Die Uferpflanzen und die anderen Pfleglinge kann man monatlich mit einem guten Dünger aus der Hy-

Miniteich an einer Terrasse

Gelb- und Rottöne am Miniteich

Goldfelberich am Wasserrand

drokultur (ebenfalls im Fachhandel erhältlich) mit dem Nötigen versorgen. Glauben Sie bitte nicht, daß häufigeres Düngen, womöglich noch mit der mehrfachen Menge, doppeltes Wachstum schafft. Düngen Sie bitte nur so viel, wie die Hersteller auf der Packung vorschreiben!

ORDNEN UND PFLEGEN

Im großen und ganzen sind Miniteichanlagen recht pflegeleicht. Bedingt durch den relativ kleinen Pflanzraum ist man allerdings gerne ge-

TIP: Für größere Eingriffe in die Bepflanzung eignen sich das Frühjahr und der Herbst am besten.

neigt, zuviel oder zu eng zu pflanzen.
Man sollte rechtzeitig auslichten und für Luft und richtige Anordnung der Gewächse sorgen.
Um für neues Leben Platz zu schaffen, wird regel-

mäßig alles Abgeblühte und Abgestorbene sowie Vergilbtes abgeschnitten.
Auch das Wasserbecken ist regelmäßig zu warten. Wenn die Schwimmpflanzen die gesamte Wasseroberfläche zu bedecken dro-

TECHNIK FÜR DEN URLAUB

▶ Die auf Seite 56 erwähnten **Balkonkästen mit Wasserreservoir** versorgen die Pflanzen problemlos auch langfristig. Über den außen am Kasten angebrachten Speicherbehälter gelangt das Wasser über ein Rohr, das mit dünnen Schlitzen versehen ist, direkt an die Wurzeln. So wird auch weniger Wasser benötigt als beim Gießen von oben.
▶ Bei der **Tröpfchenbewässerung** gelangt das Wasser

aus einem Vorratsgefäß über dünne Plastikschläuche zu einem Wasserspender, der je nach Bedarf tröpfchenweise Feuchtigkeit an die Erde abgibt.
▶ **Bewässerungscomputer** mit Feuchtefühler werden direkt an die Wasserleitung angeschlossen. Man kann dann zu festgesetzten Zeiten gießen lassen. Ein Feuchtefühler verhindert bei diesem System, daß zuviel gegossen wird.

Schwarze Seerosen-Blattläuse

Libellenbesuch

Muscheln und Schnecken

Buchfink an der Tränke

hen, muß man sie ausdünnen. Abgestorbene Blätter und Blüten von Seerosen sollte man ebenfalls entfernen. Algen, eingewehte Blätter usw. fischt man regelmäßig ab. Das Wasser bleibt so immer klar und sauber.

PFLEGE IM URLAUB

Meist ist es möglich, eine hilfsbereite Person um die Pflege und Betreuung in dieser Zeit zu bitten.

Wo eine solche Vertrauensperson nicht vorhanden ist, muß die Technik diese ersetzen. Wie dies möglich ist, steht im Infokasten auf S. 55.

TIP: Es empfiehlt sich, ca. 3–4 Wochen vor Urlaubsantritt den „Ernstfall" zu proben, um sicherzugehen, daß das gewählte Techniksystem einwandfrei funktioniert.

Auf keinen Fall darf man es versäumen, die Filter- oder Förderpumpe 1–2 Wochen vor Urlaubsantritt zu warten und zu säubern.

TIERE IM UND AM MINITEICH

Vor allem Libellen, aber auch andere Wasserinsekten können zufliegen und unseren Teich bevölkern. Darüber hinaus können wir

Schnecken einsetzen. Es eignen sich z.B. Posthorn- oder Tellerschnecken (*Planorbis corneus*). Sie weiden unermüdlich den sich bildenden Algenrasen ab und fressen Mulm.

Ein weiterer interessanter Pflegling ist die Spitzschlammschnecke (*Lymnaea stagnalis*). Allerdings kann sie sich stark vermehren und dann womöglich Schaden an den Pflanzen anrichten.

Den Winter über pflegen wir die Schnecken in einem kleinen Aquarium im Haus.

WAS TUN BEI SCHÄDLINGSBEFALL?

Trotz bester Standortwahl und guter Pflege kann es vorkommen, daß sich Pflanzenschädlinge einstellen. Das kann einfach durch Anflug geschehen, oder man bekommt mit neu hinzugekauften Pflanzen die Schädlinge gleich mitgeliefert. Auch für unsere Anlage gilt: Vorbeugen ist besser als

TIP: Zur Vorbeugung gegen einige Schädlinge, vor allem Anflieger, kann man zwischen den Sumpfpflanzen oder drumherum Duftkräuter wie Minze, Tagetes, Steckzwiebeln oder Knoblauch in Töpfen plazieren.

Heilen! Kontrollieren Sie die Pflanzen regelmäßig auf Schädlinge hin. Abgestorbenes und Vergilbtes wird dabei entfernt.

Blattläuse

Am häufigsten treten Blattläuse auf.

Mit einem Befall ist besonders bei länger anhaltender Trockenheit, aber auch bei zu dichter Bepflanzung zu rechnen. Neu hinzugekaufte Pflanzen sollte man immer gut absuchen, um das Einschleppen zu verhindern. Dabei immer auch **unter** die Blätter sehen! Sind die Pflanzen noch im Topf, kann man die Blattläuse mit einem scharfen Strahl kalten Wassers gut abwaschen. In der Anlage hilft das regelmäßige Gießen und Besprühen mit **Brennnessel-brühe:** 20 g getrocknete Brennnessel ca. 12–15 Stunden in 1 Liter kaltem Wasser einweichen. Diese Lösung wird gut abgesiebt und am besten frühmorgens angewandt. Sehr stark befallene Blätter kann man zusätzlich mit einer **Schmierseifenlösung** abwaschen. Vorsicht – nicht in den Teich gelangen lassen!

Schildläuse

Sie können äußerst hartnäckig sein, zumal sie unter ihrem bräunlichen Deckel gut geschützt sind.

Dekorativer Miniteich in Grüntönen

Mit einer **Schmierseifen-Spiritus-Lösung** kann man gegen sie vorgehen: 10–20 g Schmierseife in 1 Liter heißem Wasser auflösen und 30 ml Brennspiritus dazugeben. (Vorsicht, nicht über offenem Feuer hantieren!) Die Lösung läßt man gut abkühlen und wäscht damit die befallenen Blätter mit einem gut saugenden, möglichst harten Schwamm ab. Dann mit klarem Wasser nachspülen.

Damit nicht zuviel der Lösung ins Erdreich gelangt, hat sich zum Abdecken Zeitung oder Küchenpapier bewährt. Am besten nimmt man die Pflanze samt Topf aus der Anlage, damit keine Lösung in den Teich gerät.

Spinnmilben

Da sie sehr klein sind (ca. 0,5 mm), werden sie häufig übersehen. Sie sind zudem meist auf der Blattunterseite zu finden. Gegen Spinnmilben hilft ebenfalls die Seifen-Spiritus-Lösung.

Weiße Fliegen

Wenn beim Hantieren mit den Pflanzen kleine, 1 bis 2 mm große weiße Insekten auffliegen, die sich alsbald wieder unter den Blättern niederlassen, kann man mit einem Befall der „Weißen Fliege" rechnen.

Wenig befallene Pflanzen kann man mit kaltem Wasser abspülen. Außerdem helfen sog. „Gelbsticker" aus dem Fachhandel, die

man zwischen die Bepflan-
zung steckt, oder die Brenn-
nesselbrühe (siehe bei Blatt-
läusen).

Mehltau

Sowohl der Echte Mehltau
als auch der Falsche Mehltau zeigt sich durch einen
puderartigen weißen Belag
auf den Pflanzenblättern,
die schnell vertrocknen.
Dann muß man den Pflan-
zenbestand etwas auslich-
ten und für eine bessere
Luftzirkulation sorgen.
Mit **Ackerschachtelhalmtee**
kann man Mehltau und ei-
nige andere Pilzerkrankun-
gen bekämpfen: 20 g ge-
trockneten Ackerschachtel-
halm (Tee) in 1 Liter Wasser ca. 30 Minuten kochen,
gut abkühlen lassen und

Winterlicher Miniwasserfall

Gräser mit Rauhreif

mit 4 Liter kaltem Wasser
mischen. Mit dieser Lösung
wird dann frühmorgens ge-
gossen und die Pflanzen be-
sprüht.

WENN ES WINTER WIRD

Im Spätherbst nimmt man
die Förderpumpe aus dem
Wasser, reinigt und wartet
sie. Alsdann werden Pumpe
und ggf. Springbrunnen bis
zum nächsten Frühjahr
trocken gelagert.
Von wenigen Ausnahmen
abgesehen, müssen die
Pflanzen unseres Miniwas-
sergartens vor allzu stren-
gem Frost und lang anhal-
tenden Minustemperaturen
geschützt werden. Denn die
Kälte kann von allen Seiten
her auf sie einwirken.

Dadurch besteht die große
Gefahr, daß die Erde im
Behälter zu einem Klumpen
gefriert und dabei die Wurzelballen austrocknen. Beides führt zum Absterben
der Pflanzen.

Winterschutz

Damit es dazu nicht kom-
men kann, gibt es im Herbst
schon vor Frosteinbruch ei-
niges zu tun: Alles Verwelk-
te wird abgeschnitten und
entfernt, damit es während
des Winters nicht faulen
kann. Dann wird, um Luft
zirkulieren zu lassen, das
Erdreich mit einer kleinen
Blumenharke an der Ober-
fläche etwas aufgelockert.
Unter den Boden der Anla-
ge schiebt man passend zu-
geschnittene Styroporplatten. Für die Seitenverklei-

dung bastelt man vier Rahmen aus Vierkantlatten, die man mit einfachen Haken miteinander verbinden kann und auf denen Styroporplatten befestigt werden. An den Seiten sollten diese Wände gut anliegen, in der Höhe aber 10-20 cm über den Behälterrand hinausragen, damit Luft zirkulieren kann.

Ein weiterer Rahmen dient als Deckel. Er wird beweglich angebracht, damit man ihn zum Lüften öffnen kann, wenn kein Frost herrscht.

Wenn es der Standort erlaubt, kann auch das Wasserbecken mit den Pflanzen so geschützt draußen überwintern. Allerdings sollte man dann anstatt der Styroporisolierung eine Noppenfolie verwenden, wie sie für Folienhäuser gebraucht wird. Der Vorteil liegt in der Lichtdurchlässigkeit.

Unsere Winterverpackung kann wie ein Frühbeetkasten wirken. Deshalb muß auch die Bodenfeuchtigkeit beobachtet werden: Wenn das Erdreich nicht mehr am Finger kleben bleibt, muß gegossen werden.

Frostschutz für Seerosen

Die meisten kleinwüchsigen Seerosenhybriden brauchen Frostschutz (auf den Pflanzenetiketten ist dies meist vermerkt). Damit sich keine

Fäulnis ausbreiten kann, trennt man alles Welke mit einem möglichst scharfen Messer von den Rhizomen ab und entfernt, was matschig und „anrüchig" geworden ist. Dann lagert man die kleinen Seerosen samt ihren Körbchen frostfrei, aber feucht.

Im Frühjahr kann man die Seerosen im Zimmer in einem Gefäß ans Fenster stellen. Nach den Eisheiligen dürfen sie dann wieder in den Miniteich.

Andere Unterwasserpflanzen wie *Myriophyllum*, Wasserpest oder Wasserschlauch haben im Herbst sog. Überwinterungsknospen gebildet und sind auf den Boden abgesunken, nachdem die Blattmasse immer weniger geworden ist. Auf dem Behälterboden überwintern sie auch, wenn Wasser oder genügend Feuchtigkeit vorhanden ist, um im zeitigen Frühjahr wieder auszutreiben.

Schutz vor Frostbruch

Grundsätzlich muß man alle Becken, die aus Glas sind, aus der Anlage herausnehmen. Alle anderen Gefäße leert man bis auf einen kleinen Rest und füllt sie mit gehäckseltem Stroh auf (Heimtierstreu aus dem Zoofachhandel), um sie vor Frostbruch zu schützen. In wärmeren Lagen können

So wird der Teich winterfest: schützende Styroporhülle am Boden, den Seiten und oben, die auf einen zusammensteckbaren Lattenrahmen montiert ist.

Plastikbehälter auch draußen unter der Schutzhaube den Winter überdauern, ohne daß man sie leerschöpft. Die Erfahrung hat gezeigt, daß eine ganz dünne Eisschicht keinen Schaden anrichtet. Dicker als 2-3 cm sollte sie aber auf keinen Fall werden, weil sonst die Gefahr besteht, daß die Unterwasserpflanzen zu Schaden kommen oder der Behälter durch den Eisdruck platzt, wenn er ganz durchfriert.

LITERATUR

Aichele, Dietmar und **Marianne Golte-Bechtle:** Was blüht denn da? Erweiterte Auflage, Franckh-Kosmos Stuttgart 1996.

Beck, Peter: Aquarien-ABC. Franckh-Kosmos Stuttgart 1993.

Beck, Peter: Der optimale Gartenteich. Aquadocumenta-Verlag Bielefeld 1988.

Brünner, G.: Pflanzen für den Wassergarten. Franckh-Kosmos Stuttgart 1993.

Deiser, Ernst: Balkonpflanzen. Franckh-Kosmos Stuttgart 1993.

Engelhardt, Wolfgang: Was lebt in Tümpel, Bach und Weiher? Neuausgabe, Franckh-Kosmos Stuttgart 1996.

Fortmann, Manfred und **Reto Rohner:** Naturgemäßer Pflanzenschutz. Franckh-Kosmos Stuttgart 1994.

Helberg, Thomas: Wassergärten. Franckh-Kosmos Stuttgart 1995.

Hilble, Robert und **Gabriele Langfeldt-Feldmann:** Goldfische. Franckh-Kosmos Stuttgart 1990.

Kleiner, Ewald: Kübelpflanzen für Balkon und Terrasse. Franckh-Kosmos Stuttgart 1993.

Laux, Hans E.: Pflanzen am Wasser. Franckh-Kosmos Stuttgart 1994.

Schnell, G.: Fische im Gartenteich. Franckh-Kosmos Stuttgart 1989.

Schubert, Gottfried und **Dieter Untergasser:** Krankheiten der Fische. Franckh-Kosmos Stuttgart 1991.

Seitz, Paul: Duftpflanzen. Franckh-Kosmos Stuttgart 1992.

Seitz, Paul: Küchen- und Duftkräuter. Franckh-Kosmos Stuttgart 1993.

Seitz, Paul: Küchenkräuter. Franckh-Kosmos Stuttgart 1992.

Untergasser, Dieter: Krankheiten der Aquarienfische. Franckh-Kosmos Stuttgart 1989.

BEZUGSQUELLEN

Baumaterialien und Gefäße für Ihren Miniwassergarten erhalten Sie in Baufachmärkten oder im Gartenfachhandel. Pflanzen und technisches Zubehör können Sie im Zoo- und Gartenfachhandel, in großen Gartencentern oder in Spezialgärtnereien für Wasserpflanzen erhalten. Fische und Wassertests kaufen Sie in Zoofachgeschäften – dort wird in der Regel auch gut beraten.

Adressen finden Sie in den Gelben Seiten (örtliches Branchenverzeichnis).

REGISTER

Die **halbfett** gesetzten Seitenzahlen verweisen auf Farbfotos.

BILDNACHWEIS

Farbfotos von:
Al-Ko Geräte, Kötz (S. 3);
J. Becker (S. 1 l, 5 M, 9, 12, 17 o, 19 u, 26 o, 52/53 o, 54, 57);
U. Borstell (S. 7 o, 34 or, 50 o, 2 o);
F. Hecker (S. 7 u, 17 u);
IPO Bildagentur (S. 31 u, 52 ur);
H.E. Laux (S. 33, 40 r, 42 o, 47 r);
A. Limbrunner (S. 56 u);

M. Pforr (S. 11 o, 15 u, 16 M, 24 or, 29 u, 38 or, 41, 42 ul, 43 r, 44, 50 u);
Reinhard Tierfoto (S. 58 u);
Bildarchiv Sammer (S. 4 o, 5 u, 13 ol, 18, 19 M, 30, 31 o);
W. Willner (S. 2 u, 15 o, 38 u, 46 o, 49 r, 53 ul);
alle übrigen Fotos von Peter Beck.
Farbzeichnungen von:
R. Fritzsche (S. 9, 14, 22 alle, 23 alle rechts, 25);
R. Hofmann (S. 16, 20, 23 l, 59).

IMPRESSUM

Umschlaggestaltung von Atelier Reichert, Stuttgart.
Umschlagvorderseite: großes Foto der Seerose von P. Beck, Fischillustration (Orandas) von S. Schadwinkel
Umschlagrückseite: J. Becker (links) und P. Beck
Klappe außen: Krebsschere von M. Pforr, Autorenfoto von M. Prasuhn
Klappe innen: alle vom Autor P. Beck

Mit 98 Farbfotos und 15 Farbillustrationen.

Bibliografische Information Der Deutschen Bibliothek
Die Deutsche Bibliothek verzeichnet diese Publikation in der Deutschen Nationalbibliografie; detaillierte bibliografische Daten sind im Internet über http://dnb.ddb.de abrufbar.

2. Auflage 2003
© 1997, Franckh-Kosmos Verlags-GmbH & Co., Stuttgart
Alle Rechte vorbehalten.
ISBN 3-440-07216-9
Lektorat: Bärbel Oftring
Grundlayout: Atelier Reichert, Stuttgart
Gestaltung: Gisela Dürr, München
Printed in Italy / Imprimé en Italie

FREUDE MIT KLEINEN FISCHEN

Wer Fische liebt, braucht auch im Miniwassergarten darauf nicht zu verzichten, obwohl hierfür nur wenige Arten geeignet sind. Am ehesten kommen Schleierschwänze (Orandas, Fotos auf der vorderen Klappe) und ihre Zuchtformen in Frage. Ihre Zucht blickt auf eine jahrhundertelange asiatische Tradition zurück. Heute werden diese wunderschönen Zierfischnachzuchten aus China, Japan, Hongkong, Taiwan und Thailand importiert. Mit den wechselnden Temperaturen unseres Klimas kommen sie bestens zurecht: Von April bis September können sie in unserem Miniteich bei Temperaturen von 15-28 °C gut leben.

Orandas

Orandas sind bunt, von auffallender Form und vor allem von oben gut zu beobachten. Es gibt goldfarbige, rote, buntgescheckte oder silberne. Letztere sind sogar mit roter Haube zu haben. Sie heißen Sarasa Ryukin, Callico Ryukin und Ranchu, wobei die Löwenkopf- und Rotkäppchen-Orandas mit ihren dicken Hauben und Pausbäckchen besonders begeistern. Sie alle können bei guter Pflege bei uns 10-15 Jahre alt werden. Bis auf Seerosen oder Pflanzen mit harten Blättern haben Orandas alle anderen „zum Fressen gern". An Quellmoos naschen sie allerdings nur selten.

Andere Fische

Aquarianer nutzen ihren Miniteich zur Pflege einheimischer Kleinfische, wie z.B. Bitterlinge, oder pflegen während der warmen Jahreszeit einige robuste Aquarienfische, die von ihrem ursprünglichen Lebensraum her kühlere Wassertemperaturen gewohnt sind.

TIP: Übrigens lassen Zierfische ein Massenvorkommen der Stechmückenlarven erst gar nicht aufkommen. Bei bewegtem Wasser gibt es ebenfalls kein Problem mit den stechenden Plagegeistern.

Zierfischkauf

Bevor man die Fische im Zoofachhandel kauft, sollte man das gefüllte Becken bereits ca. 2-3 Wochen bei laufendem Filter „einfahren", damit sich entgiftende Bakterien in ausreichender Zahl entwickeln können. Dieser Prozeß läßt sich verkürzen, wenn man dem Wasser bei der Erstfüllung geeignete Kulturen aus dem Zoofachhandel zusetzt.

Vor dem Fischkauf ist der Nitritwert (NO_2) und pH-Wert zu testen. Nitrit darf nicht mehr meßbar sein, und der pH-Wert sollte zwischen pH 7,2 und 7,8 liegen. Andernfalls fragen Sie Ihren Zoofachhändler um Rat. Als Faustregel für den Fischbesatz kann gelten: Pro 15 Liter Wasser darf man einen Fisch mit 5 cm Länge einsetzen. Das Becken nie überbesetzen!
Je kleiner das Becken ist, desto schwieriger ist es, das für die Fische wichtige biologische Gleichgewicht zu erhalten.

Mit Freude füttern

Hält sich der Fischbesatz in den angegebenen Grenzen, wird auch die Wasserpflege nicht zum Problem, zumal mit hochwertigem Zierfischfutter (kein billiges Goldfischfutter!) gefüttert wird und einmal am Tag nur kleine Mengen gereicht werden. Bitte achten Sie darauf, daß alles restlos aufgefressen wird und kein Futter zu Boden sinkt.
Je kälter das Wasser ist, desto weniger wird gefressen. Bei steigender Temperatur wächst auch der Appetit, bis er ab 30 °C wieder abnimmt.
Unsere Neuerwerbungen füttern wir erst nach 3-4 Tagen, wenn sie sich eingewöhnt haben und ohne

Scheu zum Fressen an die Wasseroberfläche kommen.

Wasserpflege

Regelmäßig einmal in der Woche wird ein Teilwasserwechsel durchgeführt, um die angefallenen Schadstoffe zu entfernen. Dabei wird 1/4 des Teichwassers gegen frisches Leitungswasser von ca. 20 °C ausgetauscht. Das entnommene Teichwasser eignet sich hervorragend zum Gießen der Pflanzen und wirkt dabei gleichzeitig als Dünger.

Aus Sicherheitsgründen kontrollieren wir wöchentlich die Wasserwerte wie pH-Wert, die Karbonathärte (sollte über 4° DKH liegen) und den Nitrit- und Sauerstoffgehalt. Testreagenzien dafür gibt es im Zoofachhandel.

Damit sich unsere beschuppten Freunde allzeit wohl fühlen, achten wir darauf, daß sich das Wasser nicht über 28 °C erwärmt und kein Sauerstoffmangel auftritt. Die Fische würden dann an der Wasseroberfläche japsen, denn der Sauerstoffgehalt ist temperatur-

TIP: Bei zu hohen Temperaturen wird abschattet und ca. 1/5 des Wassers ganz langsam gegen kühleres Leitungswasser ausgetauscht.

abhängig. Kaltes Wasser vermag mehr davon aufzunehmen als warmes.

Krankheiten vermeiden und heilen

▶ Kaufen Sie gesunde Fische, die normal schwimmen und keine Flecken, Pünktchen oder Wunden haben.

▶ Wer zudem nicht das Becken übersetzt oder zuviel füttert, wird kaum Probleme bei der Fischpflege haben.

Sollten die Fische aber wider Erwarten doch einmal kränkeln, so gibt es im Zoofachhandel für die meisten Unpäßlichkeiten gute Fischheilmittel, die, richtig dosiert, auch Abhilfe schaffen. Lassen Sie sich beraten.

Checkliste: Fische im Urlaub

▶ Vor einer Abwesenheit bis zu ca. 4 Wochen braucht man keine Angst zu haben. Wenn die Wasserverhältnisse stimmen und die Filteranlage einwandfrei funktioniert, braucht man nicht einmal zu füttern. In einem gut eingefahrenen Becken, das nicht übersetzt ist, finden die Fische genügend Aufwuchs (Algen und Kleinorganismen), um die futterlose Zeit gut zu überstehen.

▶ Wenn sich eine Urlaubsvertretung anbietet, so sollte, um einer Überfütterung

vorzubeugen, die Futterdose lieber weggesperrt sein. Sicherheitshalber Wassertemperatur und Pumpenlauf überprüfen.

▶ Hinterlassen Sie die Adresse und Telefonnummer des Zoofachhändlers Ihres Vertrauens, damit sich die Urlaubsvertretung ggf. Rat holen kann.

Überwintern

Wenn im Herbst die Wassertemperatur unter 15 °C sinkt und die Orandas immer weniger fressen, werden sie zum Überwintern ins Haus geholt. Dazu bereitet man ein Aquarium mit 40 % Teichwasser und 60 % Leitungswasser (mit Wasseraufbereitungsmittel) vor, das vor dem Umsetzen schon einige Wochen „anläuft".

Die Orandas werden dann mit einem weichen Netz vorsichtig umgesetzt. In den ersten 2–3 Tagen der Eingewöhnung wird noch nicht gefüttert. Auch im Winterquartier wird das Wasser gefiltert und getestet, ein regelmäßiger Teilwasserwechsel gemacht und nur so viel gefüttert, wie sofort gefressen wird. Die Wassertemperatur sollte ca. 23 °C betragen. Wenn sich das Teichwasser im Frühjahr auf rund 18 °C erwärmt hat, können die Orandas wieder nach draußen.